Francisco Javier Ruiz Durán

Ensayo sobre la propaganda soviética

Francisco Javier Ruiz Durán

Ensayo sobre la propaganda soviética

Y el mito de la matanza de Badajoz

Dictus Publishing

Imprint

Cover image: www.ingimage.com

Publisher:
Dictus Publishing
is a trademark of
Dodo Books Indian Ocean Ltd., member of the OmniScriptum S.R.L Publishing group
str. A.Russo 15, of. 61, Chisinau-2068, Republic of Moldova Europe
Printed at: see last page
ISBN: 978-3-8473-8767-1

1. La Internacional Comunista.

En 1919 Lenin creó la Internacional Comunista para el desarrollo de operaciones clandestinas de propaganda, fuera de la Unión Soviética. Para ello Lenin consagraría en el poder a uno de los camaradas que le escoltaron a la estación de Zurich para coger el tren hacia la revolución. Willi Münzenberg, al que había conocido en 1914 por mediación de Trotsky. Lenin quedó admirado por su especial talento para crear redes clandestinas, sistemas de trasmisiones, falsificaciones, blanqueo de dinero y paso ilegal de personas por cualquier frontera.

Se lo presentó para formar equipo a Radek, el protegido del creador del Estado policial bajo el trabajo de la Checa, NKVD o KGB –el Conde Félix Dzerzhinski.

La Internacional Comunista –Komintern- fundada durante su primer Congreso de 1919 en Moscú, sería el medio por el cual la joven Revolución intentaría acaparar todo el espectro ideológico de izquierda en el mundo, y en especial, a una Alemania cuyo poder industrial podría minimizar el atraso soviético. Para dicho fin, Münzenberg, comenzó a desarrollar un nuevo y extraordinario sistema de espionaje basándose en dos premisas fundamentales: la manipulación de los intelectuales y las operaciones secretas de propaganda. Con ellas dirigió a la sociedad occidental a un terreno donde se concebía la nueva Revolución Soviética como un hito que podría ser alabado desde cualquier posición progresista y, por su esencia humanística, sólo podría ser criticado desde las tribunas de la reacción.

Era el nacimiento de las redes de la opinión pública mediante el uso de la propaganda, la radio, el cine, la prensa, los libros, el teatro, las revistas etc. Para ello congregó el favor de los líderes de la opinión: profesores, escritores, actores, sacerdotes, humanistas, científicos o empresarios. Redes que se extendieron indistintamente por Berlín, París, Londres, New York, Hollywood, Holanda o los países escandinavos.

Su misión era agrupar y educar a los intelectuales en la senda de la cultura de adversarios, en especial, en su lugar de formación, las universidades: el Trinity College, Cambridge, la Ivy League o La École Normale Supérieure.

Desde su cargo de diputado en el Reichstag, mientras era admirado por el propio Goebbels, Münzenberg desarrolló una nueva organización que durante mucho tiempo fue contemplada como una mera institución humanitaria, el Socorro Rojo Internacional. Pero amén de sus acciones humanitarias mediante eventos culturales, recaudación de fondos para los perseguidos o reparto de comida para los obreros en huelga, también organizaba juicios paralelos a los oficiales, congresos politizados de intelectuales, festivales, cartas y manifiestos públicos ratificados por celebridades cuya aura moral les hacía irresistibles. Su Consorcio duró unos quince años, desde el periodo de hambruna en el Volga, pasando por el caso Sacco-Vanzetti y finalmente, uno de los mejores periodos antes de su declive, la Guerra civil española. Movilizó a la intelectualidad occidental utilizando los mejores principios morales, como si fueran propios, el atractivo de la vida bohemia, la tolerancia hacia la homosexualidad de alguno de ellos, la lucha por los derechos de la población negra, para suscribirlos a las verdaderas necesidades soviéticas, aunque todo ello era perseguido dentro de sus fronteras. Era en los diversos grupos y comités donde a los intelectuales se les asociaba a una serie de redes finamente controladas y bajo la invisible supervisión de agentes que se les adjudicaban para asegurar su inocencia.

Así intelectuales como Anthony Blunt, Romain Rolland, Henri Barbusse, Lincoln Steffens o Heinrich Mann, terminaron obedeciendo sin saberlo, a <<los hombres de Münzenberg>>; Ernest Hemingway, Jonh Dos Passos, Lillian Hellman, Georg Grosz, Edwin Piscator, André Malraux, André Gide, Bertold Brecht, Dorothy Parker, Kim Philby y Guy Burguess.

Si era necesario, como así ocurrió, la Komintern les asignaba, sin su conocimiento, hasta las esposas – las Damas del Kremlin- que se encargarían de dirigirlos desde la más íntima confianza. Como le ocurrió a Romain Rolland, Donald Orden, Paul Eluard, Ferdinand Leger, Louis Aragón o Felix Frankfurter.

"Sin duda, todo el aparato cultural e intelectual del estalinismo <<idealista>> fuera de Rusia y gran parte de su apparat secreto operaban en el seno de un sistema que Münzenberg había puesto en funcionamiento".[1]

Todos aquellos bienintencionados que ayudaban a estas organizaciones por su fe en el nuevo humanismo socialista y radical, no podían saber que serían manipulados por las órdenes de Stalin, el propio Münzenberg los bautizaría como "el club de los inocentes".[2] "Pero el termino <<inocencia>> también implica una motivación. Me refiero a la necesidad del bien en sentido bíblico. El ansia de una justificación moral para la propia vida es una de las necesidades más profundas, una de las

[1] Koch, S. El fin de la inocencia, pp. 33
[2] Koch, S. O.c. pp. 23

fuerzas más poderosas e intrínsecamente humanas que existen. En sus <<clubes de inocentes>>, Münzenberg proporcionó a dos generaciones de izquierdistas lo que podríamos denominar el foro del bien. Acaso más que nadie de su tiempo, desarrolló lo que podría considerarse la principal ilusión moral del siglo XX: la noción de que esta época, el principal escenario de la vida moral, el verdadero reino del bien y del mal, era la política... los temas políticos manipulados por Münzenberg llegaron a servir a muchos como un sustituto de la fe religiosa. Ofrecía a todos sin excepción un papel en la búsqueda de la justicia. Al definir la culpabilidad, proponía inocencia a sus seguidores. Y millones lo aceptaron”.[3]

Esta comunión del progresismo internacional -sindicalistas, pacifistas, socialistas, anarquistas e idealistas- llegaría a la culminación, años más tarde, cuando de esas redes surgió el movimiento internacional por la paz que se haría público en el Congreso de Ámsterdam contra la Guerra de 1932. Fue ideado por un francés llamado Guy Jerram, uno de los hombres de Münzenberg. Pero a pesar de la utilización sectaria del lenguaje ético del pacifismo real de sus seguidores, la Unión Soviética, la Komintern, tenía otro propósito. Para Stalin el enemigo no era el nazismo, era la socialdemocracia, el social-fascismo, por ser un elemento de izquierdas fuera del control del Kremlin. De facto, cuando el movimiento internacional por la paz cambió su nombre por: la Liga Contra la Guerra y el Fascismo, supuso que la U.R.S.S obtuviese la aprobación moral del mundo. Pero el nazismo continuó sin tener una oposición conjunta que evitase su llegada al poder. Es más, esta manipulación llevaría a un largo proceso donde a los progresistas de buena voluntad se les llevó hasta las puertas de la desilusión, el engaño y la muerte.

Münzenberg, el gran funcionario internacional, seguía viendo sólo a la Komintern como la protección y la personificación de la gran Revolución: las críticas a la brutalidad de Stalin eran meras manifestaciones histriónicas. Pero en el momento que comenzó el culto a la personalidad del Líder, entonces empezaron las dudas, unas dudas que durante mucho tiempo no le impidieron seguir con su fabulosa participación, cuando no creación, en los hechos más importantes del siglo XX.

Pero la situación de casi inoperancia para influir a los obreros no comunistas en Alemania, tras las continuadas difamaciones públicas ordenadas desde Moscú del KPD contra los socialfascistas del SPD, comenzó a cambiar cuando la crisis económica mundial llegó a Alemania.

[3] Koch, S. O.c. pp. 33 y ss

El paro se disparó, las puertas de las fábricas se abrieron para la propaganda comunista y, a pesar del peligro que ello ya suponía, se acrecentó la lucha contra la socialdemocracia y el sindicalismo cuando el nacional-socialismo empezaba a instituirse como la salvación: en las elecciones de 1930, los nazis pasaron de 12 a 107 escaños en el Reichstag: la segunda fuerza política de Alemania.

Los nacionalsocialistas, tras el fulminante éxito electoral, no perdieron la oportunidad de explotar su bien organizada, autocrática y moderna maquinaria política de partido de aproximadamente 1.500 militantes: se organizaron 70.000 mítines en todo lo ancho y largo del Reich, se penetró directamente, con Goebbels a la cabeza, en los bastiones tradicionales del movimiento obrero berlinés, Neukölln y Wedding, y desataron la lucha armada contra el comunismo. Los nazis, ya desde 1930, comenzaron a preparar concienzudamente el asalto final al poder: el Plebiscito de 1931. Su triunfo significaría el fin del Gobierno prusiano. Los comunistas del KPD lo entendieron perfectamente y su diputado Schwenk, en el Landtag prusiano, afirmó: "La demanda de un plebiscito por parte de los nacionalsocialistas tiene sólo un objetivo, y es preparar el camino a una sangrienta dictadura fascista. Nosotros los comunistas nos negamos a participar en este engaño al pueblo". [4]

Pero "el lunes 20 de julio de 1931, Münzenberg se reunió con Neumann, que quería verle urgentemente en el café Bauer en Postdamer Platz. Este le enseñó un telegrama de la Komintern ordenando a la dirección del Partido alemán participar en el plebiscito de los nacionalsocialistas contra el Gobierno prusiano. La razón que daba Moscú era que el KPD debía participar en campañas extraparlamentarias masivas... Münzenberg consideraba esa decisión una locura y se negó categóricamente a cumplir la petición de Neumman de divulgarla en sus periódicos... una cosa era luchar contra la dirección del SPD y otra muy diferente hacer frente común en contra de esta con el enemigo mortal de la clase obrera... Stalin quería evitar a toda costa la guerra entre los comunistas y los nacionalsocialistas. Quería una Alemania estable, incluso si era gobernada de forma dictatorial por la derecha, y la izquierda alemana sólo podía llegar al poder tras eliminar al SPD". [5]

Como es de suponer esto supuso el estupor general, la oposición de algunos de los dirigentes del Partido, la negación de algunos de sus medios a publicar la directriz y por supuesto muchos lo ignoraron el día de la votación. "Os habéis comportado como si tuvierais agentes nazis en vuestro

[4] Gross, B. Willi Münzenberg, pp. 297
[5] Gross, B. O.c. pp. 298 y ss

Comité Central, escribió el revolucionario pacifista Kurt Hiller en una carta abierta a Münzenberg, al que describía como el organizador más brillante del KPD, como su más rico y a pesar de todo más realista y espontáneo intelecto e incluso como la personalidad más importante hasta el momento desde la muerte de Rosa de Luxemburgo y Karl Liebknecht, que fueron asesinados. Hiller terminaba su escrito con las siguientes palabras: Y si usted personalmente, Willi Münzenberg, se traga esta decisión sin daño para su salud, entonces... admiro su estómago". [6]

Pero la dirección del Partido: lo apoyó. Y Trotsky públicamente acusó a Stalin de una traición similar a la de la socialdemocracia en 1914.

Finalmente en la agonía de la República de Weimar los designios de Stalin, de no enfrentarse con el nacionalsocialismo, dejaron a la socialdemocracia a los pies de un monstruo que se expandía rápidamente en todos los sectores de la población. El propio Münzenberg pensaba: "este era un movimiento popular contra el cual su partido estaba indefenso, que era imposible parar a Hitler y que la unificación de la clase obrera, aunque se pudiera conseguir, no podría hacer nada al respecto". [7] Las elecciones de 1932 significaron la muerte del sistema político alemán y la persecución de los "enemigos" al nuevo sistema. Y las elecciones de 1933 la creación del III Reich.

[6] Gross, B. O.c. pp. 299 y ss

[7] Gross, B. O.c. pp. 316

2. El fraude propagandístico del Frente Popular.

En 1933 Münzenberg, a expensas de la Komintern, trasladó sus actividades de Alemania a Francia. Allí uno de sus muchos simpatizantes, Lucien Vogel el editor del periódico ilustrado VU, le puso en contacto con el agente de la Komintern que trabajaba en Le Monde: Alfred Kurella, y este le llevó hasta Barbusse. Willi Münzenberg entraba en un campo profundamente trabajado por su organización, cabe recordar que él colaboró con los comunistas franceses ya en la I Guerra Mundial, fue el fundador de la Liga Antiimperialista y había celebrado mítines en la sección francesa del Comité contra la Guerra y el Fascismo. Vogel le cedió su casa de campo para que pudiese vivir y comenzar a desarrollar un centro de reunión para sus actividades; pero además contactó con el diputado socialista Gaston Bergery para legalizar la estancia de Münzenberg en Francia. A pesar de que Münzenberg, años atrás, había sido declarado por sus actividades propagandísticas persona non grata, Bergery consiguió que el Gobierno le concediese el asilo político. Enseguida fundó el Comité para las Víctimas del Fascismo Alemán, junto con el Conde Karolyi, y siendo la figura de Albert Einstein uno de sus primeros amigos-intelectuales. La plataforma fue el primer paso de la campaña contra el fascismo que se desarrollo en toda la extensión de los países de Europa Occidental. Lógicamente, el problema que ya se cernía sobre la situación política de España le convertiría en el principal centro de atención de su nuevo Comité: Gibarti, Lord Marley y Barbusse fueron enviados a España para extender aquí el Comité contra el Fascismo. El primer fruto fue el manifiesto, firmado incluso por Miguel de Unamuno, que se realizó en la plaza de toros de Madrid donde se reunieron seis mil personas. A la par, siguiendo el sistema propio de la Komintern, se envió a Heinz Neumann para la organización del Partido Comunista Español.

"En 1935 la lógica de este enfoque se amplió en un esfuerzo mundial por conquistar la lealtad del Occidente progresista en el gran fraude propagandístico conocido como Frente Popular, que utilizó al antifascismo para mantener en línea a sus simpatizantes al tiempo que el terror seguía causando estragos en Rusia. El Frente Popular tuvo mayor alcance y fue aún más atractivo, más enteramente conformista incluso que los simpatizantes estalinistas en los días de apogeo de Sartre en París... la lógica de Stalin era bien simple: dejad que los bienintencionados se rasguen las vestiduras ante las matanzas en Moscú. No importa. La gente decente no osará dar la espalda al antifascismo. Cualquier ataque a Stalin es un apoyo a Hitler".[8] Todo este engaño fabricado por Münzenberg, y orquestado por Radek, tuvo su contraparte teatral con los arrestos y el incendio del Reichstag. Era inimaginable que los hechos no fueran una confrontación total.

Ambos dictadores dieron prioridad, por diversas razones, a las acciones que no supusieran la confrontación de sus regímenes totalitarios en construcción. Hitler no deseaba otra guerra donde Alemania tuviera que sufrir los frentes abiertos de la Gran Guerra. Stalin, soñaba que la amenaza militarista germana se volcase contra los países burgueses de Europa, lejos de la U.R.S.S, pero proclive a sus intereses geopolíticos de expansión del comunismo en las zonas desarrolladas industrialmente. En medio de la escalada hacia la nueva conflagración europea, Stalin manejaba con eficacia a la juventud europea deseosa de paz, mediante la autoridad moral que emanaba del ideario antifascista y del desarrollo del Frente Popular creados por la Komintern.

Pero la realidad era otra, desde la misma subida al poder de Hitler, Stalin estaba preparando la maniobra de acercamiento que culminaría en 1939 con el Pacto Germano-Soviético: el movimiento antifascista y el Frente Popular, entonces, sólo fueron herramientas de coacción para asegurarse la alianza del totalitarismo. "Arthur Koestler, colaborador de Münzenberg en ese tiempo e íntimo amigo de Otto Katz, también confesó la lúgubre sospecha de que había tenido lugar esa colaboración. André Malraux, otro escritor íntimo de Münzenberg y Katz en los días de la operación en París, también señaló su creencia de que la colaboración secreta entre Hitler y Stalin empezó en esa época... años después, en 1980, Meter Semerdjiev, un desertor comunista, ex miembro del Comité Central del partido búlgaro, ... publicó en París las memorias de Blagoj Simon Popov... Semerdjiev escribió que... el guión del proceso fue preparado por los dos regímenes dictatoriales. Por un lado Moscú, a través del Komintern, intenta captar la opinión pública y facilitar la infiltración soviética en la vida política de Europa Occidental. Por otro lado, Hitler, que acababa de llegar al poder, necesitaba con desesperación atraer las facciones extremas del chovinismo de su país. El proceso está precedido por un acuerdo entre los servicios diplomáticos de Hitler y Stalin en la capital de Dinamarca" [9] Ya en 1939, cuando Krivitsky – un agente secreto- desertó, comunicó a los servicios de información occidentales la inminencia del pacto: nadie le creyó. Pocos meses después, le tuvieron que dar la razón.

---

[8] Koch, S. El fin de la inocencia, pp. 69 y ss

[9] Koch, S. O.c. pp. 136 y ss

Ahora empezaría, lenta pero cuidadosamente, una nueva apuesta. Declinar la Komintern – el antifascismo- para exportar el Terror dentro del Frente Popular. Mantener la guerra de ideas que se organizaba desde París mientras seguía la conspiración totalitaria para el Pacto de no Agresión. Si en un primer momento los servicios del sistema soviético ayudaron a Hitler a deshacerse de Röhm; ahora sería él quien ayudaría a Stalin a deshacerse del mayor obstáculo interno para llegar a la alianza, el Mariscal Tukachevsky: un intelectual bien considerado por sus propios compañeros del gobierno, que conocía al detalle el potencial alemán. La Gestapo "preparó" concienzudamente el plan del Mariscal para tomar el poder. "Eso sucedió cuando Radek llegó a un acuerdo en su celda carcelaria. El mismo Stalin había planeado a qué manos debía llegar el dossier Tukachevsky" [10] "En diciembre de 1936 Walter Krivitsky se reunió en París con su inmediato superior entonces en Europa, un hombre llamado Slutsky. Se encontraron en la terraza del Café Viel en el Boulevard des Capulines, cerca de la Opera de París. En esa reunión, Slutsky ordenó a Krivitsky que congelara sus actividades antigermánicas. <<Hemos abierto el camino hacia un pronto entendimiento con Hitler y las negociaciones han empezado. Estamos progresando>>. En cuanto al antifascismo, añadió Slutsky, << no hay nada para nosotros en este cadáver en descomposición que es Francia con su Front Populaire>>". [11]

Volviendo a las revelaciones del agente Krivistky, el consorcio de Münzenberg realizó una carta abierta, para denunciar la falsedad de las negociaciones germano-soviéticas, en la que firmaron cerca de cuatrocientas celebridades que simpatizaban con el entorno de las redes de Hollywood. Sin saberlo estaban dando paso a la última cortina de humo antes de la apertura del telón: ese día, se hizo público el pacto de no agresión.

"El vínculo invisible entre las grandes purgas de 1936-1938 y el Frente Popular ofrece una idea de la íntima conexión existente entre inocencia y terror características de gran parte del pensamiento revolucionario y utópico. En ese contexto, inocencia y terror nunca estuvieron tan entrelazados como en los años sombríos en que el mundo se encaminaba a la segunda guerra mundial. El bolchevismo <<idealista>> estuvo ligado a la brutalidad desde sus primeras horas. El Terror de Dzerzhinski siempre había actuado en nombre de la <<justicia revolucionaria>>. A través de él, hablaba la revolución. Pero hubo una diferencia entre el Terror soviético anterior a 1936 y el posterior... pero con las víctimas de las purgas se añadió un nuevo elemento ya que las

[10] Koch, S. O.c. pp. 169
[11] Koch, S. O.c. pp. 169

víctimas previstas eran, ante todo, comunistas, o sea, gente hasta 1935 inmune a las matanzas más arbitrarias de la << justicia socialista>>. Hasta entonces, tal vez el más preciado privilegio de los miembros del partido había sido la inmunidad formal a la pena de muerte". [12]

Los procesos de Moscú significaron el fin de la inocencia, el nacimiento de la mentira que Orwell calificó de pensamiento dual: ya no se requería la fidelidad al ideario marxista, ahora se requería la entrega total a los "manejos" de Stalin, sin pararse a pensar para evitar, en alguna medida, el Terror que cayó sobre Kirov.

Pero lo sorprendente, es que la política cultural de Stalin apenas se resintió, los inocentes burgueses seguían necesitando el artificio ético del bien que la Komintern les había proporcionado. Sólo algunos hombres, en su mayoría conocedores de primera persona del consorcio, rompieron sus lazos como Paul Nizan.

En 1935 se gestaba el Terror, mientras Otto Katz llegaba a los Estados Unidos para fundar la Liga Anti-Nazi en la meca del cine, en París se convocaba a los intelectuales, en la salle Mutualité, a uno de los congresos más importantes: el Congreso Mundial en Defensa de la Cultura. Que se conocería, posteriormente como el Congreso de la Mutualité. En él André Gide y André Malraux presentaron la nueva orientación que debía tomar la izquierda intelectual: la creación del Frente Popular. Proclamado oficialmente en el VII Congreso de la Komintern celebrado en Moscú.

En 1936, Léon Blum tomó el poder del Gobierno del Frente Popular en Francia y en España se estaba gestando el acontecimiento por antonomasia del frentismo: la Guerra civil española.

Era una nueva mentira. Ahora se decía que se debían volver contra el fascismo, aunando sus fuerzas con los socialfascistas: pero era una maniobra para desmontar el sistema de Münzenberg, que había caído en desgracia, desde dentro, "era el reflejo burocrático exacto de la manera en que se usaría el Frente Popular para enmascarar el Terror". [13] Stalin no deseaba la victoria de una España donde el Partido Comunista era meramente representativo ante el poder del socialismo de Largo Caballero, pero sí su inmenso valor para negociar con las potencias europeas occidentales. Hitler podría atacar si España se convertía en un bastión stalinista.

[12] Koch, S. O.c. pp. 273
[13] Koch, S. O.c. pp. 305

Los intelectuales también sucumbieron a la Komintern: la política cultural se concretó en las novelas de Malraux y Hemingway, la película La tierra española, orquestada por Otto Katz, que congregó en España a Lillian Hellman, Dorothy Parker, A. Macleish, John Dos Passos y Hemingway y atrajo a otros grandes escritores como Parker, Auden y Stephen Spender. En plena Guerra civil, julio de 1937, se celebró el II Congreso de Escritores para la Defensa de La Cultura. Y la culminación de todo el proceso sería el Guernica de Picasso.

Mientras Stalin orquestaba la guerra a sus intereses: España debía pagar en efectivo las compras de material bélico, Largo Caballero debía ser destituido por Negrín, se debía purgar al anarquismo y la izquierda no comunista y se debía mantener Madrid para seguir negociando la alianza con Alemania. No tardaría Negrín en sustituir a Largo Caballero, ni en estallar el Terror contra los anarquistas y el POUM en Barcelona, ni en purgar a Andreu Nin, ni en llegar la ayuda del Eje a los sublevados una vez que las reservas del oro español ya viajaban a Rusia. El Gobierno español estaba dirigido por la NKVD. Como muestra de la macabra ironía del frentismo, cabe reseñar, las palabras que Stalin pronunció ante el Politburó por la llegada del oro: "Los españoles no volverán a ver su oro del mismo modo que no ven a un palmo de sus narices". [14] Y en esta línea tenemos las experiencias que George Orwell nos legó en el Homenaje a Cataluña de 1938.[15]

[14] Koch, S. O.c. pp. 320

[15] Cf. Ruiz, F. J. El papel de los intelectuales en la guerra fría cultural, pp. 5 y ss

3. La guerra de la propaganda en la toma de Badajoz.

Desde el mismo momento del advenimiento de la II República el 14 de abril de 1931 se pudieron observar los gestos y las actitudes abiertamente antidemocráticas y sectarias de las izquierdas sobre las capas sociales españolas consideradas enemigas. Según Ángel Maestro la influencia soviética en la II República comenzó con las falsificaciones de las elecciones de febrero de 1936,[16] las declaraciones virulentas de la necesidad de una Guerra civil por parte de Largo Caballero, los incendios de iglesias, la subordinación absoluta del PCE de José Díaz, Jesús Hernández o Dolores Ibárruri a los dictados de la Komintern o la ayuda del Gobierno frentepopulista francés desde el mismo inicio de la sublevación militar así como la ayuda militar llegada desde la URSS.

Si tiene alguna duda debe saber que la falsificación de las elecciones fue denunciada en 1937 por Niceto Alcalá Zamora (ex-Presidente de la II República española) en el Journal de Geneve. Es más el propio ex-presidente no dudó en denunciar la ofensiva popular que hizo huir a muchos Gobernadores civiles de sus puestos antes de la proclamación de los resultados, la destrucción de los documentos electorales por esas masas violentas, la anulación de todas las actas en algunas provincias donde las izquierdas habían perdido, la expulsión de las Cortes de algunos diputados para aplastar la oposición al Frente Popular... La democracia española estaba en plena descomposición cuando tuvo lugar el asesinato de Calvo Sotelo que terminó provocando el alzamiento de las derechas, que el General Mola había estado organizando.

En este contexto se insertan los incendios, los saqueos y los asaltos a las propiedades en Extremadura tanto como la intentona revolucionaria que tuvo lugar en Villanueva de la Serena en diciembre de 1933, la huelga campesina abortada por el Gobierno en junio de 1934, la manipulación de los resultados electorales de febrero de 1936 en la provincia de Cáceres y los asesinatos políticos cometidos por miembros del Frente Popular; era la situación donde los extremeños escucharon, o leyeron, palabras como las que pronunció el diputado comunista Antonio Mije el 18 de mayo de 1936: "Yo supongo que el corazón de la burguesía de Badajoz no palpitará

[16] Los resultados electorales del 16 de febrero de 1936, que nunca se publicaron oficialmente, se estiman en 4.430.322 sufragios para el Frente Popular, 4.511.031 para las derechas y 682.825 votos para los partidos del centro. Por tanto, teniendo bien presente "el reparto de votos en las circunscripciones, con una atroz campaña de la izquierda para anular votos de la derecha así como la concurrencia de numerosas irregularidades. Datos extraídos de, de las Heras, R. "Radicales y masones: De la Semana Trágica a la II República" en Esparza, J. J. (Coord): El libro negro de la izquierda española, pp. 55

normalmente desde esta mañana al ver cómo desfilan por las calles con el puño en alto las milicias uniformadas; al ver cómo desfilaban esta mañana millares y millares de jóvenes obreros y campesinos, que son los hombres del futuro ejército rojo obrero y campesino de España [...] Este acto es una demostración de energía, es una demostración de disciplina de las masas obreras y campesinas encuadradas en los partidos marxistas, que se preparan para muy pronto terminar con esa gente que todavía sigue en España dominando de forma cruel y explotadora".[17] Este discurso y ese ejército revolucionario eran parte de una estrategia política que Largo Caballero explicó con claridad a los vecinos de Don Benito cuando les dijo "<<tenemos que luchar, como sea, hasta que en las torres y en los edificios oficiales ondee no una bandera tricolor de una república burguesa, sino la bandera roja de la Revolución socialista>> (El Socialista, 9 de noviembre de 1933)".[18]

En la ciudad de Badajoz el Regimiento de Infantería 16, ante la sublevación militar, se puso a las órdenes del Gobierno republicano y la provincia, salvo ciertos enclaves, estaba controlada. Pero pronto corrieron todo tipo de noticias infundadas que encresparon los nervios de los milicianos armados que dominaban las calles de la capital. El 2 de agosto de 1936 comenzó el avance de los sublevados desde Sevilla hacia Mérida por la carretera general, que poco a poco, fue tomando la provincia. Mientras tanto, y tras la derrota republicana en Los Santos de Maimona, en Badajoz se comenzó a buscar la revancha con los presos políticos que había en la prisión provincial. De esta forma 500 milicianos armados atacaron la prisión sin poder tomarla porque el Director del centro; Miguel Ángel Pérez Blasco, había sido alertado por una operadora de Telefónica llamada Concha Arce. Así, mientras los sublevados se acercaban a Badajoz la Guardia Civil realizó una sublevación fallida. La tensión aumentaba y la proximidad de las tropas franquistas hizo temer a muchos por los más de 300 presos de la cárcel que ya habían estado a punto de ser asesinados mientras que el Diário de Notícias publicó el 14 de Agosto de 1936 que "el gobernador civil de Badajoz atravesó la frontera... horrorizado por las escenas practicadas por los comunistas en Badajoz"[19] o el diario O Século publicó el 13 de agosto de 1936 también el Jornal de Elvas el 20 de agosto de 1936, que "en Badajoz continúan los pillajes, los saqueos, los incendios y los fusilamientos... Raras son las personas que no tienen un caso de atrocidad que contar".[20]

[17] Pilo, F., Domínguez, M., y de la Iglesia, F. La matanza de Badajoz, pp. 11. Recogido del periódico Claridad del 19 de mayo de 1936.
[18] Pilo, F., Domínguez, M., y de la Iglesia, F. O.c. pp. 47
[19] Pilo, F., Domínguez, M., y de la Iglesia, F. O.c. pp. 59
[20] Pilo, F., Domínguez, M., y de la Iglesia, F. O.c. pp. 59

La columna de Asensio, mientras tanto, tras la toma de Almendralejo, se unió con la de Castejón para marchar hacia Mérida como había ordenado Franco. Entre tanto el Gobierno del Frente Popular mostraba una inoperancia pasmosa mientras los sublevados iban avanzando para la unificación de sus territorios con la toma de la provincia de Badajoz. De ello resultó que los frentepopulistas se llenaron de una rabia y una desesperación que estalló en una espiral de represión con los presos políticos en Don Benito, Guareña, Medellín, Zalamea de la Serena, Talavera la Real o Cabeza del Buey, un total de aproximadamente 225 asesinatos entre el 11 y el 13 de agosto, a los que debemos sumar los asesinatos masivos producidos en Azuaga y Almendralejo el 7 y el 13 de agosto donde se contabilizaron unos 350 asesinatos.

Las columnas sublevadas respondieron fusilando a todos los combatientes republicanos que iban capturando; así como a todos los responsables de las detenciones, maltratos y asesinatos de los pueblos que iban tomando. Como ejemplo de ello los autores de La matanza de Badajoz reseñan la noticia del Diário de Lisboa del 13 de agosto de 1936 sobre la masacre gubernamental realizada el 19 de julio en Fuente de Cantos: “el primer día de la revuelta, los comunistas encerraron en la iglesia a 51 propietarios y dos niños, dando inmediatamente fuego al edificio. Doce fueron carbonizados, y aquellos que intentaron huir fueron muertos a tiros... Al aproximarse las fuerzas del Tercio, muchos milicianos se desbandaron. Cien fueron hechos prisioneros y treinta de ellos fueron inmediatamente fusilados”.[21]

En Almendralejo los periodistas que entraron con el Teniente Coronel Heli Rolando de Tella en la cárcel y vieron los ochenta presos quemados después de haber sido crucificados ante la inminente llegada de las tropas sublevadas. Entre el 15 y el 17 de agosto los periodistas comenzaban a fluir dirección a Badajoz, sin que Yagüe hiciese nada por impedirlo, mientras los sublevados pasaban por las armas a los implicados en los asesinatos de Almendralejo. Unas cien personas según el enviado del Pathé Journnal francés, René Brut.

El 13 de agosto la huída de la población pacense era tan clamorosa que incluso fue recogida por la agencia oficial de la Unión Soviética (TASS). Tomada Mérida la columna de Yagüe puso rumbo a Badajoz para su asalto, mientras tanto hubo un segundo ataque aéreo para ir preparando el terreno. Por su parte el Comandante Luis Benitez Ávila, Jefe de la Guardia de Asalto de Badajoz, que había huido por la frontera de Caya les

[21] Pilo, F., Domínguez, M., y de la Iglesia, F. O.c. pp. 67.

dijo a los periodistas que se encontraban en el despacho del Gobernador militar de Elvas que "la turba es quien manda. Los comunistas comenten desmanes de todas clases. Una verdadera anarquía".[22]

Los sublevados sostuvieron durísimos combates con los milicianos republicanos obligando al invasor a luchar palmo a palmo por cada calle de Badajoz tras penetrar en la ciudad por la brecha de Trinidad que abrieron el Tercio y los Regulares. Una vez los nacionales tomaron la ciudad fueron apagando los focos de resistencia matando sobre la marcha a los milicianos que capturaban. He aquí la base de la leyenda que conocemos coma la Matanza de Badajoz. Los últimos defensores fueron capturados y recluidos en la plaza de toros, pocos porque iban siendo fusilados según se rendían, mientras los sublevados terminaban de limpiar la Plaza de España, donde mataron a más de 70 personas, y finalmente la Catedral cuya torre tenía un puesto de ametralladora.

Al amanecer del 14 de agosto los periodistas Mario Neves, Marcel Dany y Mario Pires intentaron infructuosamente acercarse a Badajoz sorteando a los milicianos republicanos en fuga. Así por tanto, debemos comprender que todas las noticias sobre la batalla y la ocupación de la plaza eran emitidas por los periodistas que estaban en Elvas y entrevistaban a los que venían huyendo. Finalmente Berthet, Neves y Dany llegaron a Badajoz a las nueve y media de la mañana del día 15 de agosto de 1936 observando banderas blancas en la mayoría de las ventanas y las calles con aspecto desolador por los bombardeos. Además Berthet y Dany escribieron sobre los fusilamientos que habían ocurrido en el campo de San Juan: "Fuerzas del Tercio fusilaron en Badajoz a ochenta comunistas. Los legionarios no hacen prisioneros...".[23]

Según iban recorriendo la ciudad estos tres periodistas comprobaron que no había habido tantos incendios como se había dicho. En el paseo pasaron por la plaza de toros y Mario Neves observó "donde se concentraban los camiones de los milicianos populares. Muchos de ellos están destruidos. Al lado se ve un carro blindado... Este lugar ha sido bombardeado varias veces. Sobre la arena se ven algunos cadáveres... Todavía hay, aquí y allá, algunas bombas que no han explotado..."[24]. Mientras que Marcel Dany describió lo que vio en la plaza de toros así:

---

[22] Pilo, F., Domínguez, M., y de la Iglesia, F. O.c. pp. 76. Recogido del Diário de Notícias del 14 de agosto de 1936.

[23] Pilo, F., Domínguez, M., y de la Iglesia, F. O.c. pp. 123. Recogido del O Século del 15 de agosto de 1936.

[24] Pilo, F., Domínguez, M., y de la Iglesia, F. O.c. pp. 127. Recogido del Diário de Lisboa del 15 de agosto de 1936.

"Los hoyos hechos por las bombas dibujan un círculo en el suelo".[25] Posteriormente avanzaron hasta llegar a la plaza de San Juan donde se había fusilado a los 80 milicianos, tras su captura.

Más tarde llegaría Mario Reis, jefe de redacción del O Século. Estos periodistas nos relatan que sólo había dos cadáveres en la Catedral, que la torre, donde les dijeron que había estado la ametralladora, estaba bastante dañada y que el Palacio episcopal, que había sido utilizado como sede de la Federación Socialista, tenía bastantes estragos. El día 15 llegaron a Badajoz, procedentes de Mérida, otros tres periodistas más: Edmond Taylor, del Chicago Tribune; John Elliot, del New York Herald Tribune; y Harold Cardozo, del Daily Mail. Y desde Hendaya llegaría Jay Allen, también del Chicago Tribune, para ver como parte de los muertos de la toma de Badajoz se trasladaban al cementerio. Algo que corroboraría John Elliot en sus crónicas.

Entonces comenzaron los rumores sobre las ejecuciones masivas en la plaza de toros de Badajoz, que recorrían Elvas, y los periodistas volvieron a Badajoz para comprobarlo in situ y Jacques Berthet, que había escrito una crónica sobre los fusilamientos masivos, dijo: "la plaza no tiene un aspecto diferente del que observamos ayer, lo que nos lleva a suponer que el rumor es infundado". Cuando los tres periodistas llegaron al Cuartel de la Bomba encontraron los cadáveres de los republicanos, fusilados esa misma mañana, en el foso de la ciudad.

Según Jacques Berthet ya superaban las 1.500 personas fusiladas por habérseles encontrado los moratones en el hombro propiciado por el retroceso de la culata de las armas. En este punto Berthet volvió a elevar las cifras sin justificación como había hecho con los fusilados de la plaza de San Juan pues; por su parte, Mario Neves junto a un sacerdote se acercó hasta el cementerio, guiados por la columna de humo que allí salía, y comprobaron que eran de la incineración de unos 300 cuerpos que eran parte de los caídos y fusilados en la toma de Badajoz. Este extremo sería confirmado por uno de los corresponsales de la United Press desplazado a Badajoz cuya crónica sobre la quema de cadáveres como, medida para evitar la propagación de enfermedades ante la imposibilidad de darles sepultura, fue publicada el 18 de agosto de 1936 en el Il Messagero.

El día anterior llegaron a Badajoz los periodistas Jean d' Esme, Leopoldo Núñez, Félix Correia, René Brut y José Augusto, que desde Sevilla habían llegado a Mérida con la Legión, y confirman que los 1.500

[25] Pilo, F., Domínguez, M., y de la Iglesia, F. O.c. pp. 127

muertos en Badajoz son la suma total entre los caídos en el ataque los bombardeos y los fusilados. Este baile de cifras fue parte de la guerra de la propaganda.

Con todo esto bien presente debemos tener en cuenta que las primeras noticias sobre los fusilamientos en masa se dieron desde la frontera con los rumores que corrían entre los aterrorizados refugiados que huían de Badajoz que dieron alas al <<sensacionalismo>>. La agencia de noticias norteamericana Associated Press transmitió desde Lisboa: "<<Ejecuciones en masa de los prisioneros y la masacre por las bombas incendiarias de la aviación, fueron historias de horror contadas por la noche por los refugiados procedentes de España".[26] Si bien es cierto que la Legión fusiló a 80 milicianos en San Juan como contabilizó Máximo Sanz el día 14 in situ. Cifras parecidas fueron utilizadas por el Embajador Claudio Sánchez Albornoz o José Barao del O Século, entre otros. Pero el periodista del diario francés Le Temps, de orientación comunista, publicó la cifra de 300 cadáveres que formó Jacques Berthet aunque bien es cierto que entre la rumorología de la frontera el número de fusilados llegó hasta 2.000.

El día 15 los periodistas que estaban en Badajoz pudieron ver personalmente la plaza de toros sin que vieran ningún rastro de fusilamientos. Sólo los dos milicianos muertos por el bombardeo. Esa noche volvieron a correr los rumores de fusilamientos en la frontera y el periodista Mario Neves volvió a Badajoz en la mañana del 16 para corroborarlo, y sólo pudo ver que habían encerrado allí algunas decenas de presos del Regimiento Castilla y de los Carabineros. Pero comprueba que los combatientes que aguantaron hasta el final si fueron fusilados en los fosos junto al Cuartel de la Bomba. Según pudo constatar el propio Mario Neves la quema de unos 300 cadáveres fue en la madrugada del 16 de agosto. En la madrugada del 17 y 18 de agosto hubo más fusilamientos en el cementerio entre ellos 35 Carabineros, de los recluidos de la plaza de toros, que habían defendido Badajoz.

Por lo tanto hasta el día 18 de agosto el número de cuerpos trasladados al cementerio no llegaban a los 500 fallecidos entre fusilados y caídos en combate. Los autores de La matanza de Badajoz incluso se aventuran a cifrar el número de fusilados entre 225 y 250.

Jacques Berthet afirmó que las pérdidas gubernamentales en Badajoz oscilaron entre 600 y 800 muertos mientras que los periodistas John Elliot,

[26] Pilo, F., Domínguez, M., y de la Iglesia, F. O.c. pp. 175

Harold Cardozo y Edmond Taylor estimaron las bajas republicanas entre 500 y 600 que afirmaron fueron llevados en cuatro camiones hacia el cementerio. En esta línea la United Press envió un despacho publicado el 16 y 17 de agosto en varios diarios internacionales cifrando las pérdidas comunistas, entre caídos y fusilados, en 500 hombres; mientras que las agencias británicas Reuters y Press Association, desde Lisboa, publicaron el 16 de agosto que los sublevados habían fusilado a 2.000 hombres.

La verdadera causa de este escandaloso baile de cifras sobre los fusilados en Badajoz llevaba la firma de Willi Münzenberg. Jacques Berthet que trabajaba para el periódico francés Le Temps envió crónicas con los 300 cuerpos fusilados en San Juan, en realidad 80, y detalles que no difundió ningún otro periodista. Para los autores de La matanza de Badajoz "el hecho de que las informaciones de Jacques Berthet estuvieran llegando a diferentes periódicos a la vez que a Le Temps podría tener una explicación en que ya estaba funcionando un servicio diario de prensa bajo la dirección de Willi Münzenberg, y que Berthet fuera uno de los colaboradores"[27]. Esta afirmación la fundamentan en el informe Aktion fur Spanien, de 1937; elaborado por el propio Münzenberg, donde reconocía ser el encargado del servicio de noticias que la historiografía actual denomina como Agencia España; así como las afirmaciones de Ilsa Ehrenburg, periodista soviética, de haber ejercido desde Barcelona como Director de prensa de la zona republicana.

Los señores Pilo, Domínguez y de la Iglesia nos muestran un ejemplo más de la intoxicación propagandística que sufría la información al citar la crónica que llegó a Los Ángeles Times desde Badajoz, supuestamente, sin autor conocido: "BADAJOZ (España) 16 de agosto (Exclusiva)- 2.500 cuerpos fueron apilados en las calles de esta hoy después de 48 horas de masacre que siguió a la victoriosa entrada de las tropas rebeldes en una de las batallas más importantes de la guerra civil española.

1.000 militares leales fueron alineados y ejecutados después de que los fascistas se hicieran cargo de la ciudad y 1.500 hombres, mujeres y niños fueron asesinados en la sangrienta batalla...

... Enormes pilas de cuerpos estaban colocadas en las márgenes del río Guadiana, en las murallas de la ciudad y en la plaza de San Francisco".[28]

---

[27] Pilo, F., Domínguez, M., y de la Iglesia, F. O.c. pp. 189
[28] Pilo, F., Domínguez, M., y de la Iglesia, F. O.c. pp. 189

El mismo día el periodista Marcel Dany también publicó que los ejecutados llegaban a los 1.500, como también había dicho Berthet, mientras que el periodista Mario Neves, el mismo día 16, comprobó personalmente que se referían a las decenas de fusilados del Cuartel de la Bomba. Pero el periódico Le Temps y el periódico del Partido Comunista Francés L´ Humanité publicarían el día 18, a la vez, como otros medios, las mismas informaciones enviadas por Berthet.

En la misma línea de acción Fernsworth había mandado al Times, el día 17, el proceso de limpieza había llegado a los 1.500 fusilados; y el 16 de agosto el New York Times había publicado el cable que la Associated Press les envió desde Lisboa. En este cable se decía que el periodista portugués llamado Arthur Portela había declarado que "<<la mayoría de los jóvenes rojos que fueron sentenciados a muerte por el tribunal militar... pidieron ser confortados por los sacerdotes... los rojos y los sacerdotes lloraban amargamente abrazados".[29] Esta información, según los autores de La matanza de Badajoz, se realizó manipulando las declaraciones de Arthur Portela; que además nunca estuvo en Badajoz.

Pero el mayor ejemplo de información manipulada por la Internacional Comunista en este asunto fue realizada por Arthur Koestler, uno de los hombres de Münzenberg, cuando a través de la Associated Press envió un cable falseando las declaraciones realizadas por Yagüe: "Corrieron torrentes de sangre en la ciudad, de la cual no quedaba piedra sobre piedra.

Lisboa. Portugal. Agosto, 16 (AP).- Centenares de comunistas jóvenes, abrazados a los sacerdotes que contribuyeron a su redención, fueron ejecutados por batallones del Tercio Extranjero y por los moros".[30]

En este clima de desinformación activa de la propaganda frentepopulista, dirigida por Münzenberg, el 19 de agosto Jacques Berthet intentó enviar un telegrama desde Lisboa donde afirmaba que tenía unas fotos[31] que demostraban que las autoridades portuguesas habían entregado a 59 refugiados civiles, detenidos en el Cuartel de Cazadores nº 8 de Elvas, a las tropas de Yagüe. Las autoridades portuguesas le dijeron el 21 de

---

[29] Pilo, F., Domínguez, M., y de la Iglesia, F. O.c. pp. 191

[30] Pilo, F., Domínguez, M., y de la Iglesia, F. O.c. pp. 191

[31] Los marxistas que habían sido capturados en la frontera de Caya volvieron a la ciudad en camiones vigilados por Regulares. Esos momentos fueron inmortalizados por Ferreira da Cunha, fotógrafo del Diário de Notícias, pero el periodista Jacques Berthet, corresponsal de Le Temps, la utilizó para afirmar que eran huidos que devolvía el Gobierno de Portugal. Hecho totalmente incierto. Este fotógrafo llegó a Badajoz acompañado de su compañero Mario Pires, de José Barao del O Século y de Jorge Simoes del Diário da Manha. Como narran los autores de La matanza de Badajoz.

agosto que tenía 48 horas para abandonar el país. La razón fue que las citadas fotografías publicadas por el Diário de Notícias el 19 de agosto eran en realidad los 59 comunistas que los carabineros españoles habían detenido en la parte española de la frontera de Caya. Además la policía portuguesa sospechaba que Jacques Berthet era en realidad un <<agente revolucionario>> cuyos artículos en Le Temps, el Manchester Guardian o el News Chronicle contenían claras falsedades en las noticias sobre los asesinatos de Badajoz, Castuera o Fuente de Cantos.

Si tiene alguna duda sobre estas acusaciones tan duras debemos reseñar que Berthet llegó como corresponsal a Valencia donde continuó desarrollando nuevas campañas propagandísticas como afirmó el corresponsal de Associated Press. En esta misma línea Edward Knoblaugh escribió que Jacques Berthet fue "el mismo que inventó la leyenda de la matanza de la plaza de toros de Badajoz"[32]. En 1939 fue nombrado director de la agencia chilena Havas, continuó colaborando con el Gobierno republicano instalado en México y en 1943 fue nombrado secretario del SODE –Socorro Democrático-. El Socorro Democrático fue una organización creada por Konstantin Umansky, en 1943, para ayudar a los refugiados <<democráticos>> en México. Esta organización estuvo dirigida por un funcionario de los Servicios Secretos soviéticos, NKVD, llamado Antonio Barranco que también había estado largo tiempo en España durante la contienda.

Por otra parte, no debemos olvidar que el Diario Informaciones, controlado por el Gobierno republicano, publicó el 19 de agosto de 1936 un artículo de Indalecio Prieto en el que afirmó: "Al cabo de veinte siglos registramos la innovación de que los espectadores sean a la vez actores en el martirio y de que las fieras tengan raza humana. Es posible que en el palco presidencial del circo extremeño haya sustituido a la clámide imperial que lucía en el palco del circo romano la zamarra de cualquier cacique, ávido de disfrutar con la orgía sangrienta"[33] dando así inicio a la historia sobre los ametrallamientos masivos que conformaron el mito de la matanza de Badajoz.

En Francia, el Partido Comunista Francés le sacó rédito político a esta información de Indalecio >Prieto utilizando su diario L´Humanité, para aumentar las críticas y la presión sobre el primer Ministro francés León Blum para intentar modificar su decisión sobre el Pacto de No Intervención. Además, como ya hemos señalado, Willi Münzenberg y sus hombres distribuyeron eficazmente a través de sus servicios de envío de

---

[32] Knoblaugh, E. ¡Última hora: guerra en España!, pp. 203

[33] Pilo, F., Domínguez, M., y de la Iglesia, F. La matanza de Badajoz, pp. 199

noticias diario, las informaciones de Berthet a todo el mundo. Dato curioso sería que el mensaje político de la diputada Margarita Nelken del 26 de agosto, desde el Ministerio de la Guerra, sobre el heroísmo popular en Almendralejo, Fuente de Cantos, Villafranca, Mérida y Badajoz no hace mención alguna a ninguna matanza en Badajoz; mientras en Francia era anunciado, diariamente, a bombo y platillo.

El 30 de agosto el periodista Jay Allen publicó en el Chicago Tribune su famoso artículo <<Matanza de 4.000 personas en Badajoz, ciudad de horrores>> en la línea propagandística internacional para la defensa de la República. Es más, esta crónica política se ha convertido por derecho propio en uno de los mitos clásicos más repetidos por los defensores del periodo frentepopulista.

Antes de llegar a la famosa crónica debemos recordar que Jay Allen escondió en su piso de Madrid a los miembros del Comité revolucionario cuando fracasó el Golpe de estado socialista de octubre de 1934. Es decir, a personajes tan relevantes como Araquistáin, Álvarez del Vayo, Negrín y Llopis. Y ahora bien definido el contexto personal del periodista comprenderemos mejor la causa por la cual en la famosa crónica afirmó: "Los rojos eran jóvenes, en su mayoría campesinos... A las 4 de la madrugada los hicieron entrar en la plaza por la puerta por donde solía entrar el desfile inicial de toreros. Dentro los esperaban las ametralladoras. Se dice que después de la primera noche la sangre alcanzó un palmo de espesor en el lado más alejado de la plaza... Allí se asesinó a 1.800 hombres (había mujeres también) en unas doce horas. Hay más sangre que lo que uno puede pensar en 1.800 cuerpos".[34]

Para alimentar aún más la tensión de la guerra la prensa nacional y sus aliados comenzaron a publicar todos los detalles de los asesinatos realizados por los comités revolucionarios en los pueblos que iban tomando. La campaña denominada <<El Terror Rojo>> produjo una ola de consternación que Münzenberg contestó ordenando escribir sobre las acciones rebeldes sin pararse a identificar o a autentificar las fuentes y los hechos.

Es más, el 31 de agosto el señor Sanchez-Albornoz envió un informe al Ministerio de estado donde afirmaba que: "Imposibilitados para reaccionar directamente contra la campaña antigubernamental hemos logrado ponernos en contacto con el mundo y a base de nuestras informaciones entrar en relación con News Chronicle, Chicago Tribune,

[34] Pilo, F., Domínguez, M., y de la Iglesia, F. O.c. pp. 203.

L´Intransigeant y la United Press, habiendo visto ya el fruto magnífico de estas relaciones”[35]. Esas magnificas relaciones fueron el motivo de la visita de los periodistas a Lisboa. Por cierto, el Embajador del Gobierno republicano en el país vecino era Don Claudio Sanchez-Albornoz.

En honor a la verdad, hay que reconocer que las crónicas de Jay Allen sobre la <<Matanza de Badajoz>> no sólo contrarrestaron la campaña nacional denominada <<El Terror Rojo>> sino que alcanzó tal repercusión en Gran Bretaña y Estados Unidos que se terminaría convirtiendo en una de las más reproducidas crónicas sobre la Guerra civil española.

Es cierto también que dicha crónica basada en falsedades y verdades a medias es uno de los mejores ejemplos del poder de influencia sobre la opinión pública que puede llegar a tener la propaganda de guerra.

Por otro lado, el estudio de las crónicas de Jay Allen desvela que este periodista no esconde sus verdaderos objetivos ni los horrores del bando republicano; pues los comprende políticamente: “Lo sé. Sé que han muerto cientos, incluso miles de personas a manos de masas vengativas. Pero también sé quien se alzó para <<salvar España>> provocando así que las masas se encarnizaran en una defensa tan valiente como salvaje.

De todos modos, ahora estoy informando sobre Badajoz, donde, durante el asedio, se ejecutaba cada día a una media docena de derechistas, pero, aun así…”[36].

En este punto debemos recordar que, excepto Berthet, todos los periodistas cifraron en 80 los fusilamientos del día 14 y en 1.200 los muertos, en total, por la toma de Badajoz; mientras que Allen cifró en 1.800 personas los muertos del día de los fusilamientos de la Matanza en la plaza de toros. Es más, desde aquel día Allen afirmó que las ejecuciones siguieron al ritmo de 50 ó 100 personas al día. Sumando todas las bajas contadas por Allen no se llega a la cifra de 4.000 muertos, que él mismo dijo como cifra final, desde que los nacionales tomaron Badajoz.

La obra propagandística de Indalecio Prieto y Jay Allen se tradujo al inglés para que el Departamento de Prensa pudiese distribuirlo por Londres. Pero Ferry del Val, representante de la Junta de Burgos en Londres, escribió un artículo, <<Spanish socialism unmasked>> que se publicaría en The Morning Post, cuyo calado provocó que el día 5 de

[35] Pilo, F., Domínguez, M., y de la Iglesia, F. O.c. pp. 207
[36] Pilo, F., Domínguez, M., y de la Iglesia, F. O.c. pp. 213

octubre apareciese en la revista Time un artículo denunciando los engaños de la prensa sobre la guerra en España. Y de los acontecimientos en Badajoz dice: "<<la cifra de 2.000 rojos fusilados fue dada por el corresponsal francés de Havas, que no estaba allí, sino en Portugal>>. En todo el mundo, esta cifra fue considerada exagerada... John Elliot, del New York Herald Tribune, fue el primer corresponsal americano... que entró en Badajoz. No ve señales de los fusilamientos, por lo que no informó de ellos. Por algunos de sus propios colegas del Herald Tribune fue rápidamente condenado por <<haberse vendido a los fascistas>>. Cada uno de los grandes servicios de prensa Internacional desde su oficina de París están mintiendo, y cada uno dice lo tiene que hacer para competir diariamente con las noticias <<amarillas>> de los otros".[37] Pero la escalada propagandística prosiguió el 27 de octubre cuando el diario La Voz afirmó que los nacionales querían repetir en Madrid los hechos de Badajoz para ametrallar la democracia republicana y obrera. Es más afirmaban que barajaban la posibilidad de asesinar a cien mil madrileños en la Monumental.

El escándalo del falseamiento de las noticias hizo que el Chicago Tribune investigara a Allen y cuando verificó que sus noticias sobre la matanza de Badajoz eran falsas, y habían sido elaboradas para favorecer la causa comunista, despidió inmediatamente a Jay Allen. A continuación sería News Chronicle el que también lo despediría por el mismo motivo.

3.1. El objetivo político de la Komintern y la función del mito de la matanza de Badajoz.

A finales de 1936 Otto Katz y Arthur Koestler estaban escribiendo libros de propaganda que les habían sido encargados. En este punto, a principios de enero de 1937 la Editorial Carrefour de París, perteneciente al conglomerado editorial de Willi Münzenberg, publicó la novela L´Espagne Ensanglanteé: un livre noir sur l'Espagne – Sacrificio humano sin precedentes: un libro negro sobre España). El libro de Koestler se publicó con la intención de contrarrestar el libro que publicaron los nacionales A preliminary official report on the atrocities committed in Southern Spain in July and August, 1936, by the communist forces of the Madrid Government. Es más, el propio Münzenberg solía ir al apartamento de Koestler para seguir paso a paso su nueva obra como el propio autor reconoció años después cuando escribió en La escritura invisible "¡Demasiado débil! ¡Demasiado objetivo! ¡Pégales fuerte! ¡Di al mundo cómo arrollan a los prisioneros con sus tanques, cómo los bañan en

[37] Pilo, F., Domínguez, M., y de la Iglesia, F. O.c. pp. 221

petróleo y los queman vivos! ¡Haz que el mundo se estremezca de horror! ¿Machácales esto en la cabeza! ¡Haz que despierten!".[38] En esta línea, Koestler hilo finamente para incluir la crónica de Jacques Berthet, publicada en Le Temps el 17 de agosto de 1936, como la <<prueba documental>> contra las informaciones contrarias a los sucesos de Badajoz que se publicaron en Francia e Inglaterra. Y es más, llegó a escribir que Artur Portela había publicado en el Diário de Lisboa que los nacionales habían fusilado a más de 4.000 personas en Badajoz. Algo que Portela jamás hizo; porque no estuvo en Badajoz y no dijo nada de ello en su crónica periodística que escribió el 17 de agosto como afirma Koestler.

La propaganda de la Komintern tenía como misión principal en Europa Occidental empujar a la opinión pública británica contra la política de No Intervención que había firmado su Gobierno; todo para favorecer los deseos del Gobierno frentepopulista y el prestigio internacional de la Unión Soviética. Todo este entramado entre el Gobierno de Largo Caballero y Münzenberg se coordinó gracias a Julio Álvarez del Vayo desde el fracasado Golpe de estado socialista de octubre de 1934, por orden de Moscú.

Dos periodistas británicos que iban empotrados en las fuerzas nacionales afirmaron que no hubo ninguna matanza en Badajoz; es más, dijeron que cuando la ciudad fue tomada cientos de personas acudieron a la Comandancia Militar para denunciar a los responsables de las atrocidades realizadas durante el "reinado anarquista-sindicalista de terror, que la llegada de las tropas nacionalistas habían erradicado. Se realizaron juicios y hubo muchas ejecuciones. Pero, más que todo eso, lo que se produjo fue una lucha callejera durante muchas horas... Las tropas se comportaron muy decentemente".[39] El periódico The Scotsman publicó el 16 de marzo de 1939 un artículo firmado por Arthur F. Loveday que decía: "El público en este país declara que ha sido engañado sobre los hechos –de la categoría de lugares como la matanza de Badajoz y la destrucción por el bombardeo de Guernica- como resultado de operaciones de <<una inteligente y bien organizada y rica organización propagandística>> que <<abarca todo el mundo y las inundaciones con noticias de parte, libros caros, y de literatura tendenciosa>>".[40]

La Matanza de Badajoz fue uno de los mejores ejemplos de la manipulación de las fuentes en el frente propagandístico de nuestra Guerra civil que también sirvió para enmascarar tragedias como la de

[38] Pilo, F., Domínguez, M., y de la Iglesia, F. O.c. pp. 228
[39] Pilo, F., Domínguez, M., y de la Iglesia, F. O.c. pp. 242
[40] Pilo, F., Domínguez, M., y de la Iglesia, F. O.c. pp. 257

Paracuellos[41]. Y precisamente las matanzas de Madrid, simbolizadas en Paracuellos, fueron la prueba irrefutable de la voluntad de exterminio del Gobierno frentepopulista que había asaltado la legalidad de la República. Entre noviembre y diciembre de 1936 se asesinó varios miles de personas para evitar la formación de la célebre "quinta columna" mientras las tropas sublevadas avanzan hacia Madrid.[42]

Por tanto podemos concluir que La Internacional Comunista representada por figuras como Manuilski, Codovila, Gerö o Togliatti puso en marcha las órdenes de Stalin para España, bajo la extraordinaria habilidad del maestro de la agit-prop Willi Münzenberg. Todo ello fue el fruto de un plan elaborado en una reunión de la Internacional en Moscú donde participaron autoridades del nivel de Dimitrov, Molotov, Kaganovich y Vorochilov. Y fue implementado por los Servicios de Inteligencia soviética bajo la cobertura de los corresponsales de prensa de Pravda, Izvestia y las agencias de noticias Tas y Novosti. Pues no debemos olvidar que Stalin tenía como objetivo primordial la alianza con Hitler; y así dejarle vía libre para que agradeciese a la Europa Occidental, y ello podemos observarlo en las órdenes que le hizo llegar a Prieto para evitar que se volviese a atacar la flota alemana como ocurrió en Almería con el acorazado de bolsillo <<Deutchsland>>. ¡Al punto de que si el ministro de Defensa Nacional no abandonaba su idea, se debería llegar hasta su liquidación física, recibiendo Orlov y el aparato de la GPU en España instrucciones en tal sentido".[43] Stalin tomó la Guerra civil española como una clave de su geopolítica mundial mientras exterminaba a la disidencia formada por los grupos de la izquierda no comunista como a los trotskistas del POUM o a los anarquistas de la CNT, tanto como fagocitaba al Gobierno republicano para ponerlo bajo el control del partido Comunista. La Unión Soviética siempre, y en toda circunstancia, sacrificaba todo lo que fuese menester para salvar el <<País del Socialismo>>.

[41] Paracuellos comenzó cuando el agente soviético Koltsov, de la NKVD, se entrevistó con varios comisarios políticos el 1 de noviembre de 1936. Pocos días después el Gobierno frentepopulista se instalará en Valencia, mientras Enrique Castro Delgado, Santiago Carrillo, Serrano Poncela, Cazorla y Mijail Kolstov prepararon todos los medios para comenzase la Matanza de Madrid. En noviembre de 1936 fueron asesinados más de 2.500 presos. La cifra final llegaría a los 4.900 asesinatos. "Así Dimitrov, secretario general de la Komintern, en carta al ministro de Guerra de Stalin, Voroshilov, fechada el 30 de julio de 1937: <<Cuando los fascistas se estaban aproximando a Madrid, Carrillo,... dio la orden de fusilar a los funcionarios fascistas detenidos". Recogida de Esparza, J. J. "Paracuellos: las matanzas de Madrid" en Esparza, J. J. (Coord): El libro negro de la izquierda española, pp. 195.

[42] Cf. Pilo, F., Domínguez, M., y de la Iglesia, F. La matanza de Badajoz, pp. 10 y ss

[43] Maestro, A. "La influencia soviética en la II República" en Esparza, J. J. (Coord): El libro negro de la izquierda española, pp. 203

4. El final del maestro y la respuesta de los discípulos.

Münzenberg estaba siendo acusado por la NKVD y continuamente hacía caso omiso de los mensajes que le llegaban para ir a Moscú, sabía muy bien lo que le esperaba, sólo su utilidad para la Guerra civil española le permitió salir con vida de su última vuelta a casa. En este panorama, comenzó a innovar en su trabajo, quizás con la esperanza de seguir siendo útil, publicando una nueva revista: El futuro. "La revista tenía su típica mezcla de inocencia, grandeza intelectual y mensajes entre líneas. Entre los colaboradores figuraban rebeldes y genios, simpatizantes y agentes secretos. Los responsables editoriales eran Arthur Koestler y Manès Sperber; escribían los hermanos Mann; Gibarti y Otto Katz también prestaban su colaboración… fue un modelo para futuras publicaciones. El modo y el personal de Die Zukunft tiene eco en Der Monat, la publicación de posguerra dirigida por Melvin Lasky, y a través de ella, en las publicaciones del Congreso para la Libertad de la Cultura: Encounter, Preuves y Tempo Presente. En los movimientos del Frente Popular, como reacción a la política de vida o muerte del Terror, estaba perfilándose lo que sería la intelectualidad anticomunista de la Posguerra". [44]

En el tira y afloja con Stalin, Münzenberg, fue expulsado del Partido en mayo de 1937 y poco después del estallido de la II Guerra Mundial, comprendiendo su final, denunció públicamente a Stalin: " el 19 de agosto de 1939 Stalin cerró un acuerdo comercial con Alemania… el 23 de agosto se firmó el Pacto de No Agresión Germano-Soviético… En el Zukunft del 28 de agosto de 1939, Willi Münzenberg hizo un llamamiento de protesta por la "traición" soviética. Acusó a Stalin, el hombre que "hasta entonces había afirmado dirigir la lucha contra el fascismo", de haber mostrado al principal poder fascista el camino hacia la salvación. Ya no era posible discutir: el pacto aumentaba la amenaza de guerra. Había nacido sólo por consideraciones de política de poder. Hitler y Stalin habían renunciado a sus teorías y cambiaban sus posicionamientos ideológicos. Describió el acuerdo como "un asqueroso espectáculo"… ya no había diques para Münzenberg. Todo lo que conocía y había callado durante tanto tiempo inundó las páginas de Die Zunkunft con una crítica corrosiva. El 22 de septiembre denunció "la puñalada por la espalda" de los rusos. En los últimos años los círculos políticos y especialmente los movimientos obreros de todos los países se habían preguntado lo que estaba ocurriendo con Rusia. En las últimas semanas había dado una respuesta clara y terrible

[44] Koch, S. El fin de la inocencia, pp. 349

a esta pregunta. Fuera lo que fuera lo que pretendía Stalin, el ataque a Polonia no tenía cabida en la política democrática pacifista de un estado socialista... El artículo terminaba: La paz y la libertad deben ser defendidas contra Hitler y Stalin... ¡Tú, Stalin, eres el traidor!

Posteriormente Münzenberg también escribió abiertamente sobre los crímenes de la Gran Purga, que había diezmado al partido en Rusia, asestando un golpe a la Komintern y arruinando a millones de personas que vivían en la Unión Soviética... En la primavera de 1940 Münzenberg publicó póstumamente, en forma de “carta abierta a Stalin”, las acusaciones del “Héroe de la Revolución de Octubre”, Fiodor Raskólnikov, quien había revelado los crímenes de Stalin: Has difamado, deshonrado y asesinado a viejos camaradas de armas de Lenin: Kaménev, Zinoviev, Bujarin, Ríkov y otros de cuya inocencia eras totalmente consciente... ¿Dónde está la vieja guardia? Ya no vive... ¡Tú, Stalin, la has matado!”. [45]

“La caída del Komintern hizo caer en desgracia a Willi Münzenberg. Pero cuando Willi cayó, Otto Katz, un <<prototipo>> del Komintern como nadie podría haberlo sido, no le acompañó en la caída. Por el contrario, el auge de Katz como personaje de gran poder en el aparato data precisamente del instante en que Willi cayó en desgracia con Stalin... Ya que necesariamente Katz trabajaría con algunos de los secretos más delicados e importantes de la época, está claro que Radek y Stalin debían tener máxima confianza en su hombre... Tenía que ser capaz de convencer a la gente de que realizara los mayores sacrificios en aras de la causa más trascendental y urgente del siglo y, al mismo tiempo, también tendría que utilizar a esa misma gente en aras de una de las máximas mentiras contemporáneas... Y así era el hombre que llegó a París en marzo de 1933 portando la agenda secreta para el nuevo movimiento”. [46]

El mismo día de la rendición de Francia a las fuerzas del III Reich – el 20 de Junio de 1940-, mientras trataba de huir del campo de internamiento donde había sido recluido, Willi Münzenberg “falleció” colgado de un árbol en los bosques del pueblecito francés de Montagne. El cuerpo sería encontrado meses después por unos cazadores.

[45] Gross, B. Willi Münzenberg, pp. 426 y ss
[46] Koch, S. El fin de la inocencia, pp. 108 y ss

5. La llegada de la guerra fría: 1945-1953.

La II Guerra Mundial desarrolló una guerra total donde se borró la frontera entre civiles y militares; se ocupó, se explotó y se exterminó desde Noruega al Norte de África y desde Francia a Stalingrado, dejando una Europa arruinada y desolada.

Los aliados estuvieron de acuerdo en desarrollar un programa de desnazificación para implantar las semillas de la democracia y erradicar el nazismo; incluidos los soviéticos. Pero la realidad no tardó en imponer su peso: "El general Lucius Clay, comandante en jefe de la zona norteamericana,... La administración civil, la salud pública, la reconstrucción urbana y la iniciativa empresarial privada de la Alemania de la postguerra tenían que ser inevitablemente asumidas por hombres como estos, si bien bajo la supervisión aliada. Era imposible apartarlos de golpe de los asuntos alemanes... El 5 de mayo de 1946, el futuro canciller alemán, Konrad Adenauer, protestó contra las medidas de desnazificación en un discurso público... en el que exigía que dejaran en paz a los <<compañeros de viaje de los nazis>>... Debido precisamente a las profundas raíces que el nazismo tenía en su país, el futuro canciller creía más prudente permitir e incluso fomentar el silencio a este respecto. No estaba del todo equivocado"[47].

El bando soviético no tardó en seguir el camino del silencio cuando: "En Austria, el Partido Comunista local cometió el error, durante las elecciones celebradas a finales de 1945, de rechazar el apoyo potencialmente decisivo de los nazis de a pie y los antiguos miembros del partido. Al hacerlo malograron las esperanzas del comunismo en la Austria de la postguerra. Ello les sirvió de lección en el caso de Berlín. El Partido Comunista Alemán (KPD) decidió en cambio ofrecer sus servicios y su protección a millones de antiguos nazis... Los ex-nazis estaban encantados de borrar su pasado uniéndose a los vencedores. Como miembros del partido, los administradores locales, informadores y policías demostraron adaptarse particularmente bien a las necesidades del Estado comunista"[48]. El profesor Judt afirma que los nuevos bandos actuaron rememorando lo que Isócrates, tras las guerras del Peloponeso, enseñó a los atenienses: <<Gobernemos colectivamente como si nada malo hubiera ocurrido>>.

La rehabilitación europea iba a jugarse en un nuevo marco entre el: <<Ahora todos sabemos que a raíz de esta guerra no es posible retornar a

[47] Judt, T. Postguerra, pp. 96 y ss
[48] Judt, T. O.c. pp. 100 y ss

un orden social de Laissez-faire, que una guerra como ésta genera una revolución silenciosa que prepara el camino para un nuevo tipo de orden planificado>>, de Karl Mannheim, y <<La solución está en romper el círculo vicioso y restaurar la confianza del pueblo europeo en el futuro económico de sus propios países y de Europa en general>>, de George C. Marshall, que el profesor Judt aplica para explicarnos como la II Guerra Mundial lo cambiará todo en el viejo continente. Pero la rehabilitación tropezaría desde el principio con las actuaciones de los Gobiernos exiliados, mayoritariamente en Londres, y el papel preponderante de la Resistencia en Bélgica, Francia, Italia y Noruega. Si bien es cierto, que la Unión Soviética ordenó a sus grupos que pacíficamente volviesen a la senda del parlamentarismo occidental con la idea de crear partidos políticos, los aglutinara aprovechando un halo antifascista, que llevó a los partidos de izquierda a la mayoría de los Gobiernos como ya había ocurrido en los Frentes Populares en el periodo de entreguerras mientras se creaban las formaciones democristianas.

Por otro lado, el fracaso del sistema político y económico europeo anterior al conflicto había sido de tal magnitud que la idea de una sociedad europea planificada parecía la más plausible para recuperar la democracia en Europa. Pero teniendo muy presente que las medidas que el fascismo tomó para combatir la gran depresión provocó la admiración, por Albert Speer o por Mussolini, en el mundo por sus planificaciones sociales y económicas, cuando no la conversión de laboristas o socialistas al fascismo antes de la II Guerra Mundial. Durante ella estos programas de dirección y regulación económica se implementaron en Bélgica, Checoslovaquia y Francia durante sus ocupaciones, mientras que a Gran Bretaña llegó para aguantar el esfuerzo bélico que Alemania le impuso con la guerra total. Así el fascismo y la guerra fueron el puente que enlazó los conceptos marginales, heterodoxos, y a menudo controvertidos de la planificación económica dominante de la postguerra. Dada la situación en que estaba Europa, destruida y postrada ante la URSS, la única barrera ante la miseria y la Revolución era la planificación del Estado. Además era un gran reclamo para atraer a los socialdemócratas. Un claro ejemplo fue Italia donde el sistema económico con grandes sectores bajo la tutela estatal se mantuvo en la postguerra. Pero las nacionalizaciones también aparecieron en Holanda, Francia y gran parte de la Europa Occidental. Así Jean Monnet presentó al Presidente De Gaulle el primer plan nacional, en enero de 1947, que llevó a Francia al crecimiento económico y la modernización bajo la dirección del Gobierno hasta la llegada del Plan Marshall. Eso sí, debemos recalcar que esta dirección económica era radicalmente opuesta a la planificación soviética puesto que la europea promovía la inversión pública mientras que la soviética, perseguía objetivos numéricos en el gasto básico en las que no entraban la educación, la vivienda, los servicios médicos, la alimentación...

El objetivo real de la planificación europea era evitar la senda que llevó al poder a los fascismos, estancamiento económico y depresión, mediante un Sistema del Bienestar ampliamente superior a los Sistemas de Protección del siglo XIX que Alemania había tenido con el Gobierno de Bismarck y que a principios del siglo XX se empezó a extender al resto de Europa. Los nuevos Estados del Bienestar se centraron en la atención médica, la educación, la vivienda, las subvenciones... generando un Estado intervencionista que redistribuía los recursos, para promover la universalidad del sistema siguiendo la nueva estrategia política.

En noviembre de 1942 Sir William Beveridge hizo público su informe con los cuatro supuestos para mitigar las injusticias sociales en la postguerra. Creación de un servicio nacional de salud, aumento de las pensiones, ayudas a las familias y la búsqueda del "cuasi pleno empleo".

En los inicios de la postguerra la idea de los Frentes Populares seguía en la mente de los partidos socialistas y comunistas, sobre todo en la Europa del Este, que en Bélgica, Francia e Italia representaban la influencia política de la Resistencia mientras que en los países escandinavos y Gran Bretaña esa asociación no consiguió la fuerza que tuvieron en los países anteriormente citados. La otra cara de la moneda la representó la democracia cristiana que supuso el contrapeso en Austria, Holanda, Bélgica, Francia, Alemania Occidental e Italia. Pero en la Alemania Occidental e Italia necesitaron el "empujón" americano para mantener el poder. Dicho poder necesitaba urgentemente recuperar sus economías para consolidarse a través de las reformas sociales y la estabilidad política que requerían ante la grave crisis que tenía a Europa al borde del abismo en 1947. Ante esta situación George Kennan alertó sobre el atractivo que podía tener el comunismo si la crisis persistía. Y no le faltaba razón pues en 1947 los Partidos Comunistas de Bélgica, Finlandia, Francia, Islandia e Italia eran parte de las coaliciones de Gobierno de sus países. En Francia tenían casi un millón de afiliados y en Italia superaban los dos millones. Muy por encima de los números que podían presentar en Polonia o Yugoslavia. Estos números junto a la conocida pertenencia de Palmiro Togliatti, líder italiano, a la Inteligencia soviética o al pasado de León Blum, líder francés, hizo germinar el abismo de la confrontación civil mientras ya se tambaleaba Grecia. Eran los primeros vientos que helarían el mundo.

El 28 de abril de 1947 tuvo lugar en Moscú una reunión de los Ministros de Exteriores de los países aliados donde el Secretario de Estado de Estados Unidos George C. Marshall comprobó la nula voluntad soviética para recuperar a Europa. La decepción se convirtió el 5 de junio de 1947 en su famoso discurso sobre un programa de Recuperación Europea que realizó en la Universidad de Harvard. Era el inicio del Plan Marshall.

Para los responsables políticos estadounidenses, la vulnerabilidad de Europa constituía un problema, no una oportunidad. El mayor peligro para la seguridad de Estados Unidos residía en la posibilidad de un derrumbamiento económico en Europa Occidental y la consiguiente llegada al poder de elementos comunistas. Así lo expresaban los informes de la CIA en 1947.

"En Francia, la ayuda del Plan Marshall sirvió en gran medida a los objetivos de las <<planificadoras>>. Como más tarde reconoció Pierre Uri, uno de los colaboradores de Monnet: <<Utilizamos a los norteamericanos para imponer al Gobierno francés lo que considerábamos necesario>>, ignorando el deseo americano de la liberalización pero respondiendo al mismo tiempo entusiastamente a la inversión y la modernización. Los dólares del ERP (1,3 billones en 1948 y 1,6 billones más a lo largo de los tres años siguientes) financiaron casi el cincuenta por ciento de la inversión pública francesa contemplada por el Plan Monnet durante los años de la ayuda Marshall, y sin este dinero, el país no habría podido salir adelante...

La relativamente mala imagen del Plan en Francia respondía en parte a un éxito de relaciones públicas de los comunistas franceses".[49] Pero no debemos olvidar que la otra causa de la irritación francesa era el desprecio a coger la ayuda de un país culturalmente inferior. Cosas de La France.

Muchos creen que la II Guerra Mundial fue un conflicto diferente porque los contendientes imponían su sistema social, o como decía Stalin se imponía cada sistema allí donde su Ejército llegaba, pero se olvida tanto de que en las Guerras de religión concluidas con la Paz de Ausburgo en 1555 se guiaron por el principio de quien reina impone su religión, cuius regio eius religio, como que en el periodo napoleónico Europa ardió en revoluciones sociales guiadas por el ejemplo francés del siglo XIX. Así tras la II Guerra Mundial la Europa del Este cayó bajo la bota roja y aunque al principio fueron recibidos como liberadores los Partidos Comunistas de la zona, aunque legalizados, siguieron sin obtener un peso específico por su

[49] Judt, T. O.c. pp. 153

identificación con la política de Moscú, por las purgas y los encarcelamientos masivos en Polonia, Hungría, Yugoslavia... por lo que Stalin recurrió de nuevo a la táctica de los años treinta del Frente Popular para formar coaliciones entre socialistas y comunistas como la formada en España, puesto que ahora también los comunistas estaban en franca minoría, y querían llegar al Gobierno de la misma manera que Walter Ulbricht explicó tan brillantemente en los inicios de la postguerra: "Está muy clara: tiene que parecer democrática, pero debemos tenerlo todo bajo control".[50] Así podrá comprobar usted mismo el gusto histórico de los comunistas, dentro de estas coaliciones, por detentar Ministerios como el de Interior y el de Justicia. Pero las poblaciones de Europa del Este, bien escarmentadas, no le iban a dar la victoria en las urnas como no tardaron en comprobar los propios comunistas. Llegados a este punto, fallida la vieja estrategia, los comunistas optaron por quitarse la máscara imponiendo el terror contra sus oponentes políticos durante los años 1946 y 1947 donde se les eliminó poco a poco. Incluso así los socialistas, tradicionalmente asentados en la Europa del Este, se mantuvieron y los comunistas tuvieron que volver a la coalición con ellos. Lenin siempre les aleccionó para dividir a los partidos socialistas como él había hecho desde 1918 a 1921 asimilando a las facciones más duras, incrementando notablemente sus filas, y tachando al resto de partidarios como la reacción. Es decir, voluntarios para las purgas como más tarde ocurrió con la llegada de Stalin. De esta forma se celebró una reunión secreta en Moscú, en febrero de 1946, donde se acordó aumentar las invitaciones para crear una sola fuerza política entre socialistas y comunistas en Europa del Este, donde no tendrían más opciones, pero también para Europa Occidental pensando en los poderosísimos Partidos Comunistas de Francia e Italia y en la zona soviética de Alemania para la creación del Partido de Unidad Socialista. Esta Unidad en la Europa del Este terminó siendo forzada hasta tal punto que los comunistas por fin mejoraron sus resultados de 1947 en adelante que les otorgó entre 1948 y 1949 el poder necesario para comenzar a imponer el control y la colectivización al gusto de Stalin. No importaría nada los Tratados de Paz de París ratificados el 5 de junio de 1947 por los Estados Unidos con Bulgaria, Finlandia, Hungría, Italia y Rumania, Stalin quería los territorios ocupados por su Ejército; arrestos, ejecuciones, amaños de elecciones como en Polonia en 1947 o Golpes de estado como el de Praga en 1948 consolidaron la victoria. Precisamente el Golpe de estado en Praga, la única democracia de la zona antes del conflicto, hizo remover muchas conciencias en Occidente que terminaron por creer que la Unión Soviética no pararía ahí. La reacción ante lo ocurrido pudo ser la clave para que Stalin firmase un Tratado de Amistad con Finlandia en 1948 aunque,

[50] Judt, T. O.c. pp. 203

eso sí, obligándoles a fusionar las fuerzas socialistas y comunistas en la Liga de Defensa del Pueblo Finlandés. Pero sobre todo acabó con la inocencia de los socialistas occidentales sobre la situación de la Europa del Este que encabezó el viejo frentepopulista Léon Blum y que se extendió a la izquierda no comunista del resto de la Europa Occidental que los anclaría definitivamente en el bando de Occidente. Stalin volvió a errar el tiro.

Yugoslavia fue desde el inicio una excepción en el Bloque soviético. En 1947 el Gobierno comunista de Tito llegó al poder por sus propios méritos en la II Guerra Mundial, donde los partisanos se enfrentaron con éxito a los oponentes germanos e italianos. A ello se le debe sumar que Yugoslavia recibió en los inicios de la postguerra la mayor ayuda en Europa de la UNRRA (Administración de Socorro y Rehabilitación de las Naciones Unidas). En este marco Stalin comenzó alabando los logros revolucionarios de la Yugoslavia titista, que representaba el comunismo más duro y avanzado, pero todo cambió cuando comprobó que Tito estaba creando un modelo diferente al de Moscú; que deseaba crear una Federación Balcánica con Yugoslavia, Macedonia, Albania y Bulgaria; y que tomó una dirección política independiente en la Guerra civil griega, que acabó con la Resistencia comunista griega al cerrar su frontera en 1949, tras romper relaciones con Stalin. Yugoslavia y China estaban fuera del control que Moscú deseaba sobre el movimiento comunista mundial. Y ahí estaba la clave. Durante la guerra el comunismo abandonó su ideal revolucionario por la unión antifascista que representaron los Frentes Populares que Moscú creó para dominar a través del control de los partidos, la intervención y el terror que simbolizó la Komintern que Stalin disolvió en 1943 porque ese control ya se había perdido durante la guerra.

En mayo de 1947 los Gobiernos de Francia e Italia expulsaron a los Ministros comunistas. En esos momentos los comunistas europeos, no tenían buenas comunicaciones con Moscú, por eso sólo se opusieron al Plan Marshall cuando Stalin lo rechazó públicamente. Por ello, y siguiendo la teoría de los dos bandos irreconciliables de Zdanov, a finales del verano de 1947 los representantes de los Partidos Comunistas de Bulgaria, Checoslovaquia, Francia, Hungría, Italia, Polonia, Rumania, la Unión Soviética y Yugoslavia se reunieron para crear la Kominform, Oficina de Información Comunista que suplantaba a la Komintern o Internacional Comunista, para coordinar las acciones y las comunicaciones de los Partidos Comunistas con Moscú. Es decir, tomar el control absoluto del movimiento comunista internacional. Comenzaba la coexistencia pacífica que Lenin les había legado: huelgas, manifestaciones, absorción de la Europa Oriental, denegación de la ayuda Norteamericana, y ataques contra los socialistas que como en el periodo de entreguerras quedaban en el bando antipacifista o anticomunista pues volvían a ser los socialfascistas que odiaba Lenin. Pero en la segunda conferencia de la Kominform llegó la ruptura yugoslava al no reconocer el papel que la organización le daba al Ejército Rojo. Así desde 1948, el aparato propagandístico de la Kominform comenzó a denunciar de desviacionismo a Tito. En este periodo fue cuando las autoridades comunistas cortaron las líneas ferroviarias de Berlín con la Alemania Federal tras introducir los aliados, en junio de 1948, la nueva moneda para su parte de Alemania. Los aliados respondieron con el mítico puente aéreo, en el aeropuerto de Tempelhof en Berlín Occidental, que permitió violar el bloqueo soviético y dejar bien claro al mundo que Occidente no cedería más. Cabe destacar que la URSS tenía en esos momentos trescientas divisiones, en Berlín, frente a 7.000 soldados americanos de los 60.000 que tenían en todo el continente europeo. Stalin volvió a equivocarse en sus cálculos. Para la defensa de Alemania los americanos estacionaron 56 bombarderos atómicos en Inglaterra pero el replanteamiento militar de la Defensa estratégica de Europa comenzó tras el Golpe soviético en Checoslovaquia que aumentó la inseguridad en Occidente que por entonces sólo tenía la promesa de la Doctrina Truman mientras se apresuraban, el 17 de marzo de 1948, a firmar el Pacto de Bruselas en el marco de la aprobación del Plan Marshall en el Senado de Norteamérica y el compromiso, el 22 de enero de 1948, del Parlamento británico de implementar la Unión Europea Occidental. En esos momentos Stalin presionaba a Noruega para que ratificara un Tratado de no agresión, que aumentaba, a ojos del Ministro británico Bevin y del General Marshall, la necesidad de un compromiso mayor con la seguridad del Atlántico Norte que reunió a británicos, canadienses y norteamericanos para comenzar las líneas maestras de la seguridad atlántica diez días después de que Stalin ordenara el bloqueo de Berlín. Durante esos diez días Stalin dio otro golpe en la mesa expulsando a la desviada Yugoslavia de la Komimform. En este contexto nació la OTAN (Organización del Atlántico Norte) en 1949 que permitió que Francia, librándose de sus fantasmas, permitiera la creación de la República Federal de Alemania. Pero en la Guerra Fría no había tiempo para la tranquilidad y Stalin realizó su mayor error estratégico cuando en 1950 apoyó la invasión del Régimen comunista de Korea del Norte a sus paisanos del sur. Europa tembló pensando que era el entrenamiento tácito para la deseada, históricamente, atracción de Alemania al camino de la Revolución; máxime cuando hacía pocos meses la Unión Soviética había entrado oficialmente al rango de potencia nuclear. La falta de información sobre lo que ocurría tras el Telón de Acero provocó un increíble aumento de armamento en Occidente. Pero aún así todo el mundo reconocía que la única posibilidad, ante un hipotético ataque soviético, de Europa era permitir el rearme alemán que Francia pudo retrasar hasta 1954. Y entonces muchos recordaron que durante la ocupación nazi de Francia, en 1940, "llegaron a un acuerdo con Petain sobre un sistema de pagos y entregas que equivalían a la utilización forzosa de los recursos franceses para los esfuerzos bélicos alemanes, fueron muchos los que, por parte de ambos bandos, vieron en esta <<colaboración>> francoalemana el germen de un nuevo orden económico <<europeo>>. Así, Pierre Puches, un veterano administrador de Vichy... ideó un orden europeo de postguerra en virtud del cual las barreras aduaneras quedaban eliminadas y una sola economía europea englobaría a todo el continente, con una moneda única. La idea... representaba una especie de actualización del sistema continental napoleónico...

En octubre de 1949, George Kennan confesaría a Dean Acheson que aunque podía entender la aprensión ante la creciente importancia de Alemania... <<a menudo me pareció, durante la guerra, que el nuevo orden de Hitler no tenía nada de malo salvo que era de Hitler>>".[51]

La Unión Aduanera comenzó a andar el 1 de enero de 1948 cuando los Gobiernos de Bélgica, Luxemburgo y Holanda, todavía en el exilio, ratificaron el Acuerdo del Benelux. Le siguió por consejo americano el Plan Schuman, es decir, la CECA (Comunidad Europea del Carbón y del Acero).

En este torbellino Milan Kundera dijo: "Digas lo que digas, los comunistas eran más inteligentes. Tenían un programa grandioso, un plan para el mundo completamente nuevo en el que todos encontrarían su sitio... Desde el principio hubo gente que se dio cuenta de que carecían del carácter idealista necesario y decidió marcharse del país. Pero, dado que el ideal es por definición un mundo para todos, las personas que decidían emigrar estaban negando implícitamente su validez. En lugar de irse al extranjero, fueron a la cárcel".[52]

Como dijo Alexander Wat: "El estalinismo significa la muerte del fuero interno del hombre. Y digan lo que digan los sofistas, sean cuales sean las mentiras que cuenten los intelectuales comunistas, a eso es a lo que se reduce. El fuero interno del hombre debe morir para que el decálogo comunista se pueda alojar en su alma".[53]

En 1949 comenzó la purga religiosa: en Bulgaria por conspirar para favorecer la vuelta del capitalismo; Monseñor Gras que actuaba como

[51] Judt, T. O.c. pp. 235 y ss
[52] Judt, T. O.c. pp. 251
[53] Judt, T. O.c. pp. 251

cabeza visible de la Iglesia católica en Hungría, por el encarcelamiento del Cardenal Mindszenty, fue acusado de apoyar la restauración de los Habsburgo y de promover la alianza entre los fascistas húngaros y Tito; en Praga comenzaron los juicios contra un grupo de sacerdotes católicos a los que se acusaba de espiar para el Vaticano, en 1950 ya estaban en prisión ocho mil religiosos sólo en Checoslovaquia.

Hasta la II Guerra Mundial no se había puesto de manifiesto la aversión de Stalin por los judíos por la sencilla razón de que eran depurados en otras categorías como disidentes políticos de izquierda, burgueses, trotskistas, intelectuales... que unido al estandarte del antifascismo llegó incluso a hacerles creer a muchos de ellos que la Unión Soviética era un refugio. Esto explicaría en parte el gran número que se encontraba entre los Partidos Comunistas de Checoslovaquia, Hungría, Polonia y Rumania. El dogma antifascista decía aborrecer tanto de los prejuicios raciales y religiosos como de los sentimientos nacionalistas antisemitas esparcidos durante las ocupaciones alemanas por toda Europa y esto propiciaría que durante los primeros años de la postguerra muchísimos líderes comunistas en los países del este fuesen precisamente judíos. En esta época fue cuando Stalin no tuvo ningún problema para apoyar al Estado judío que se proponía en las Naciones Unidas, sí bien es cierto que lo veía como una cuña contra los intereses británicos en Oriente Próximo, precisamente hasta que Stalin comprobó que el izquierdismo del nuevo Estado no era precisamente pro-soviético. Es más, esto ocurrió mientras Yugoslavia escogía la desviación y Berlín iba a ser bloqueado. ¿Cómo se lo tomó Stalin?. En enero de 1949 el periódico soviético Pravda comenzó una campaña propagandística contra <<los vagabundos sin pasaporte>> o <<los cosmopolitas sin raíces>> que precedió al cierre de las escuelas, los periódicos y las bibliotecas yiddish. Luego comenzaron a desfilar por las cárceles, durante tres años, hasta la puesta en escena del juicio-espectáculo que les esperaba, a los artistas, escritores, políticos y funcionarios. Ni siquiera se salvaron aquellos que habían movilizado, con tanto esfuerzo y acierto, a la opinión judía internacional contra el nazismo en el Comité Antifascista Judío. El antisemitismo no tardó en extenderse por toda la órbita soviética. En 1953 estalló el complot de los doctores judíos.

Otro caso especial que muestra el grado de paranoia del Régimen soviético era que todo comunista que, siguiendo las órdenes, hubiese trabajado en el extranjero como en España durante la Guerra civil o en la Alemania del Este terminarían en el mejor de los casos camino de un campo de concentración. O peor aún, salir de un campo nazi para ir a uno soviético como le ocurrió a Josef Frank, Margarette Buber y tantos otros. ¿Por qué delito? Habían estado lejos de la estrecha vigilancia de Moscú y podían haber sido inoculados por una realidad distinta a la deseable, a la exigible para la creación del camino al socialismo que exigía la pureza del dogma soviético.

Pero no podemos olvidar que aquellos campos servían para otro propósito: “En 1952, en el apogeo de la segunda ola de terror estalinista, los campos de trabajo registraban una población de 1,7 millones de prisioneros, más otros 800.000 en las colonias de trabajo y 2.753.000 en <<centros especiales>>. La sentencia <<normal>> de los gulags era de 25 años, seguida generalmente (en el caso de los supervivientes) del exilio a Siberia o a la Asia Central soviética. En Bulgaria, de una plantilla de trabajadores de la industria de medio millón de personas, dos de cada nueve eran mano de obra esclava.

En Checoslovaquia se estima que había 100.000 prisioneros políticos de una población de 13 millones de habitantes a principios de la década de 1950, una cifra que no incluye a las muchas decenas de miles de personas que trabajaban en las minas del país y que en realidad no eran otra cosa que mano de obra esclava. Las <<liquidaciones administrativas>>”[54].

En este contexto comenzaba una Guerra de la cultura con trincheras políticas. En ella Raymond Aron decía que “cada acción, a mediados del siglo XX, presupone e implica una toma de postura con respecto a la empresa soviética”[55] mientras Jean Paul Sartre afirmaba que “nos guste o no, la construcción del socialismo tiene el privilegio de que para comprenderla hay que propugnar su movimiento y adoptar sus metas”[56].

La izquierda no comunista no fue una alternativa real en Italia, como confesó Ignazio Silone, tanto por las relaciones tan profundas que siempre habían tenido allí el Partido Comunista y el socialista como por la renuncia a criticar abiertamente a la Unión Soviética. “El comunismo entusiasmaba a los intelectuales de un modo que ni Hitler ni (especialmente) la democracia liberal podían soñar con igualar. El comunismo era exótico en cuanto a su escenario y heroico en cuanto a su escala. En 1950, Raymond Aron subrayó <<la absurda sorpresa… de que la izquierda europea haya tomado a un constructor de pirámides por su Dios… Sus crímenes eran excusados por muchos observadores no comunistas como, digamos, el precio que había que pagar por negociar con la historia>>”[57]. Raymond Aron hizo una ácida, pero acertadísima, crítica al pensamiento progresista

[54] Judt, T. O.c. pp. 289
[55] Judt, T. O.c. pp. 297
[56] Judt, T. O.c. pp. 297
[57] Judt, T. O.c. pp. 324

cuando señaló que su función era presentar el pensamiento comunista de forma que pareciera fruto de un pensamiento independiente.

Si me lo permiten, debido a su importancia, paremos un segundo para explicar eso de la Guerra de la cultura y la izquierda no comunista. Siguiendo la impresionante labor de la propaganda comunista, no es difícil asimilar que en plena guerra fría, la CIA reclutaba a los intelectuales del mundo libre para desarrollar un programa secreto sobre el control ideológico; para un nuevo campo de batalla en la confrontación bipolar que se estaba desarrollando en todo el planeta.

La clave de bóveda de todo el edificio fue el Congreso por la Libertad Cultural creada y dirigida por el agente de la CIA Michael Josselson de 1950 a 1967. El congreso fue el elemento central de su operación ideológica, tuvo sedes en más de treinta y cinco países, creó un servicio de noticias propias, sus artículos se publicaron en más de veinte revistas de prestigio, organizó los eventos culturales de más alto nivel, financiaba la música, etc.; pocos intelectuales y artistas se resistieron a disfrutar del lujo de los viajes, hoteles, becas, editoriales, revistas, exposiciones o conciertos, financiados por la Agencia. La CIA llegó a parecer un verdadero Ministerio de la Cultura, un Ministerio con la finalidad de apartar a los intelectuales de las diversas vías de atracción a la órbita soviética y crear en el mundo su concepto de "Pax Americana".

"El consorcio que construyó la CIA – consistente en lo que Henry Kissinger calificó como << aristocracia dedicada al servicio de esta nación en nombre de unos principios que están más allá de los enfrentamientos entre los partidos>> fue el arma secreta con la que lucharían los Estados Unidos durante la Guerra Fría, un arma que, en el campo cultural tuvo un enorme radio de acción. Tanto si les gustaba, si lo sabían como si no, hubo pocos escritores, poetas, artistas, historiadores, científicos o críticos en la Europa de postguerra cuyos nombres no estuvieran, de una u otra manera, vinculados con esta empresa encubierta. Sin sentirse amenazado por nadie y sin ser detectado durante más de veinte años, el espionaje estadounidense creó un frente cultural complejo y extraordinariamente dotado económicamente, en occidente, para occidente, en nombre de la libertad de expresión. A la vez que definía la Guerra fría como <<la batalla por la conquista de las mentes humanas>>, fue acumulando un inmenso arsenal de armas culturales: periódicos, libros, conferencias, seminarios, exposiciones, conciertos y premios.

Entre los miembros de este consorcio había un surtido grupo de intelectuales radicales y de izquierda cuya fe en el marxismo y en el comunismo se había hecho añicos ante la evidencia del totalitarismo estalinista"[58].

Según Arthur Schlesinger el liderazgo de la Agencia fue políticamente inteligente y correcto. "Esta concepción de la CIA como paraíso del liberalismo fue un poderoso incentivo para colaborar con ella... el grado del espionaje norteamericano extendió sus tentáculos hacia las cuestiones culturales de sus aliados occidentales, actuando como posibilitador en la sombra de una amplia variedad de actividades creativas, colocando a los intelectuales y a su obra como piezas de ajedrez para jugar en el Gran Juego, sigue siendo uno de los legados más sugerentes de la guerra fría....

Un componente esencial de este esfuerzo era la <<guerra psicológica>>, definida como <<el uso planificado de la propaganda y otras actividades, excepto el combate, por parte de una nación, que comunican ideas e información con el propósito de influir en las opiniones, actitudes, emociones y comportamiento de grupos extranjeros, de manera que apoyen la consecución de los objetivos nacionales>>. Más aún, se definía como <<el tipo de propaganda más efectivo>>, aquella en la que el sujeto se mueve en la dirección que uno quiere por razones que piensa que son propias"[59].

Los comunistas se hicieron con el poder en Polonia. Mientras en Francia e Italia corrieron rumores de Golpes de estado, Europa estaba postrada, y volvieron a desplegar todos los organismos de propaganda soviética –tanto los que había creado Willi Münzenberg- como otros de nueva creación para volver a ganarse la opinión pública: "Ya en 1945, un oficial de inteligencia había predicho las tácticas no convencionales que ahora estaban siendo adoptadas por los soviéticos:<< la invención de la bomba atómica producirá una alteración en el equilibrio entre los métodos "pacíficos" y "bélicos" de ejercer presión internacional –informaban al jefe de la Oficina de Servicios Estratégicos, el general Donovan-. Y debemos esperar un sustancial incremento de la importancia de los métodos "pacíficos". Nuestros enemigos se verán más libres (que nunca) para hacer propaganda, subvertir, sabotear y ejercer... presión sobre nosotros, y por nuestra parte, estaremos más dispuestos a soportar estos ataques y a utilizar esos métodos- en nuestro deseo de evitar a toda costa la tragedia de la guerra declarada; las técnicas "pacifistas" se harán más vitales en épocas prebélicas de debilitamiento, en la guerra abierta real, y en épocas de manipulación posbélica>>. Este informe muestra una sorprendente visión

[58] Stonor Saunders, F. La CIA y la guerra fría cultural, pp. 14
[59] Stonor Saunders, F. O.c. pp.16

de futuro. Ofrece una definición de la guerra fría como una contienda psicológica, como la fabricación del consentimiento por métodos <<pacíficos>>, del uso de la propaganda para erosionar las posiciones hostiles. Finalmente, como demostraron con creces las primeras escaramuzas en Berlín, el <<arma operativa>> habría de ser la cultura. Había comenzado la guerra fría cultural"[60].

Los rusos no tardaron en inaugurar la Ópera Estatal en Berlín y la <<Casa de la Cultura>> para atraer a un público bastante amplio. Y los americanos tuvieron que crear rápidamente su propia casa para afianzar los enclaves que reorienten los valores de una vencida Alemania e importar figuras de ópera de las academias americanas, así como mantener la dirección de dieciocho orquestas sinfónicas alemanas. También cabe destacar, para contrarrestar la propaganda comunista, que los norteamericanos promocionaron a artistas negros.

Los americanos diseñaron un programa de teatro, mediante la elección de obras, donde subliminalmente se transmitían los valores y principios fundamentales a seguir:

- Libertad y democracia.
- Poder y fama.
- Igualdad.
- Paz y Justicia.
- Búsqueda de la Felicidad.
- Denuncia del nazismo.

Se tenía presente la afirmación de Disraeli de <<un libro puede ser algo tan importante como una batalla>>. El Gobierno de ocupación confeccionó un listado bibliográfico, mediante las editoriales más importantes, para proyectar la cultura y la historia norteamericana de la manera más disimulada posible. Esta medida fue muy eficaz, pronto el prestigio cultural americano ascendió gracias a las obras de Louisa May Alcott, Peral Buck, Jacques Barzun, James Burnham, Ernest Hemingway, Matthiessen, Reinhold Niebuhr, Thomas Wolfe…

Aunque no se descuidó a ningún europeo cuya obra fuera crítica con la Unión Soviética, como fue el caso de André Gide con Regreso de la URSS; Arthur Koestler con El cero y el infinito; e Ignazio Silone con Vino y pan.

---

[60] Stonor Saunders, F. O.c. pp. 35

En el campo de las artes se produjo una conferencia sobre la dirección que estaba tomando la <<Nueva Bauhaus>> que se completó con una exposición en el Museo Guggenheim de la Escuela de New York. Fue la primera subvención del Gobierno al expresionismo abstracto, pero no sería la última, pues era una valiosa arma contra el colectivismo y el realismo soviético. De la misma manera que se sufragan los cursos de verano de Darmstadt para la experimentación vanguardista en la música.
Los diferentes proyectos de la Guerra contracultural, siempre, se guiaban por las dos grandes recetas de la política exterior Norteamericana:

1° La Doctrina Truman "<<en el presente momento de la historia mundial, casi todas las naciones han de elegir entre formas de vidas excluyentes. La elección, con demasiada frecuencia no se hace libremente. Una forma de vida se basa en la voluntad de la mayoría... la segunda... se basa en la voluntad de una minoría impuesta a la fuerza sobre la mayoría. Se fundamenta en el terror y en la opresión, en el control de la prensa y de la radio, en unas elecciones amañadas y en la supresión de las libertades individuales. Pienso que la política de los Estados Unidos ha de ser apoyar a los pueblos libres que se resisten a ser sometidos por minorías armadas o por presiones exteriores. Pienso que debemos ayudar a los pueblos libres a forjar sus propios destinos en la manera que ellos elijan>>.

Tras el discurso de Truman, el Secretario de estado, Dean Acheson, les dijo a los congresistas:<<Hemos llegado a una situación que no tiene precedentes desde la Antigüedad. Desde los tiempos de Roma y Cartago no se ha producido una polarización tal de poder en el mundo. Además, las dos grandes potencias estaban separadas por un insalvable abismo ideológico>>"[61].

2° El Plan Marshall, la segunda receta: Un conjunto de medidas económicas que en combinación con la Doctrina Truman transmitían un mensaje meridianamente claro: el futuro de Europa Occidental, si es que iba a tener futuro, debería asociarse a la Pax americana.

Los soviéticos, teniendo en cuenta su magnífico expediente, no tardaron tanto en prohibir que la ayuda llegara a sus territorios, como en denunciar la presión política que la jugada escondía tras la ayuda humanitaria, puesto que no sólo se produciría en Europa Occidental sino sobre todo en los países satélites recién conquistados por la Unión Soviética, donde la oferta económica podría provocar disidencias con Moscú.

---

[61] Stonor Saunders, F. O.c. pp.45 y ss

Stalin ordenó como respuesta la organización de la política cultural para reorganizar a los intelectuales de Europa Occidental bajo la bandera de la Unión Soviética. La recién creada Oficina de Información Comunista - Kominforn-, en manos de Andrei Zhdanov, acometería de nuevo dicha misión; y su primer movimiento fue la celebración del Congreso de Escritores de Berlín Oriental.

El Gobierno británico también tomó parte de las operaciones culturales, contra su antiguo aliado, para contrarrestar la propaganda soviética. Para ello se incrementó notablemente la sección del Foreing Office llamada IRD, el Departamento de Investigación de la Información, el cual bajo la batuta de Ernest Bevin, comenzó a elaborar una ideología, construida sobre los principios de la democracia y la fe cristiana, que rivalizase con el comunismo. El IRD llegaría a ser, en la sombra, un Ministerio de la Guerra Fría desde donde se realizaron operaciones encubiertas para introducir propaganda sin que nadie conociese su origen o sus fondos. Entre sus primeras figuras destacó Arthur Koestler, viejo compañero de Willi Münzenberg, que fue uno de los consejeros más importantes del IRD, precisamente fue él quien les enseñó la importancia de atraer a los izquierdistas desilusionados con un doble propósito: Aproximar a los grupos progresistas para controlarlos y penetrar en estos grupos para alejarlos de la radicalidad.

Pero Koestler también prestó otro servicio de crucial importancia. Embarcó rumbo a Estados Unidos para dar una serie de conferencias y durante una de ellas en New York, se entrevistaría con William Donovan para enseñarle al General la estructura, la financiación y el funcionamiento de los órganos de propaganda soviéticos. Posteriormente en otra conferencia, esta vez en Washington, y con ayuda de James Burnham, otro intelectual desilusionado, se introdujo en sus grupos de asesores, periodistas y dirigentes sindicales. La CIA comenzó a ver su valía para la campaña de movilización de las personas de izquierdas que no eran comunistas, que estaba organizando en esos momentos, gracias a hombres como Ignazio Silone, André Gide, Arthur Koestler – los tres fueron hombres de Münzenberg-, Richard Wright, Louis Fischer y Stephen Spender.

"La base ideológica de esta estrategia, en la que la CIA coincidía, o incluso se identificaba con los intelectuales de izquierda, fue expuesta por Schlesinger en The Vital Center, uno de los tres libros fundamentales que aparecieron en 1949 (los otros dos eran The God That Failed, y 1984 de Orwell)... La tesis que animaba toda esta movilización de la izquierda no comunista era fervientemente defendida por Chip Bohlen, Isaiah Berlin, Nicolas Nabokov, Averrell Harriman y George Kennan –reconocería más tarde Schlesinger-. Todos pensábamos que el socialismo democrático era el baluarte más eficaz contra el totalitarismo"[62].

Pero la sociedad moderna, y aquí radica su principal problema, no tiene una estructura organizativa que permita y arrope la autorrealización del ser humano. Es decir, que "el hombre no es libre; está en libertad bajo fianza... esa libertad ha traído consigo más frustraciones que satisfacciones, más aislamiento que integración. << La angustia –escribe Kierkegaard- es el vértigo de la libertad>>; y la angustia es también la emoción oficial de nuestro tiempo... El hombre se hace a sí mismo eligiendo y así crea o destruye su personalidad moral. Esta es una valiente y sombría expresión de nuestro tiempo. Pero una filosofía de este tipo impone una carga insoportable a la mayoría de los hombres... la mayoría de los hombres prefieren huir de la elección, huir de la ansiedad, huir de la libertad... Ese <<escapar de la libertad>>, como lo llama Erich Fromm, es una característica de nuestro tiempo... El hombre se esfuerza por escapar a las pasiones que golpean su frágil individualidad; y, cada vez más, el medio más seguro de escapar parece ser rendir esa individualidad a alguna autoridad externa y masiva. Dostoievsky comenta: <<La mayor angustia que atormenta al hombre es encontrar rápidamente alguien a quien poder entregar ese don de la libertad con el que nace la criatura desafortunada>>.

Erich Fromm, como reconoció el mismo Schlesinger en su obra, llega en su notable análisis a la conclusión de que el estigma psicológico de los fugitivos de la libertad es el esfuerzo por la sumisión y la dominación, la pérdida del yo en el masoquismo o el sadismo"[63].

[62] Stonor Saunders, F. O.c. pp. 97 y ss
[63] Schlesinger, A. M. La política de la libertad, pp. 80 y ss

6. La política de la estabilidad y sus consecuencias: 1953-1971.

Con la muerte de Stalin y el armisticio de la Guerra de Corea, Europa entró en un periodo de estabilidad política en la década de los cincuenta, aún teniendo en cuenta el importante número de efectivos humanos y convencionales movilizados y la detonación de la primera bomba atómica soviética en 1949. Los Estados Unidos aumentaron notablemente su armamento nuclear y su flota de bombarderos B-29 y contaron con los B-52, bombarderos intercontinentales, desde el verano de 1952 como contrapeso estratégico. Siguiendo esta línea los americanos comenzaron a almacenar armas nucleares en Alemania Occidental. El uso de las armas nucleares tácticas se convirtió en uno de los pilares de la estrategia defensiva de la OTAN. Con la perspectiva actual podemos ver que la estabilidad europea comenzó a llegar con la nuclearización de la Alianza Atlántica.

"Uno de los logros del Movimiento por la Paz de comienzos de la década de 1950, respaldado por los soviéticos, consistió en convencer a muchos alemanes occidentales de que su país alcanzaría a la vez la reunificación y la estabilidad si se declaraba <<neutral>>... a principios de 1950... casi un 50 por ciento deseaba que la República Federal se declarase neutral en caso de Guerra"[64].

Pero también fue la época de las ilusiones perdidas. En 1963 De Gaulle dijo no a la entrada británica en la CEE en vista del Tratado de Amistad franco-alemana, que perseguía, para alinearse con su peor fantasma pensando tanto que la alianza les libraría del peso angloamericano como que era preferible tener a Alemania como directora de Europa que volver a tenerla enfrente. Casualmente el Tratado de 1963 llegó cuando Francia había perdido Argelia. Así se entiende mejor que quiso decir Adenauer cuando le dijo al Primer Ministro francés Guy Mollet aquello de <<Europa será nuestra venganza>>. El 25 de marzo de 1957 se firmó, en Roma, el tratado que establecía la CEE y el EURATOM. Un año después de la Revuelta de Hungría.

Si los británicos, franceses e israelíes no hubiesen atacado el Canal de Suez, la Unión Soviética no hubiera podido invadir Hungría, hecho que la Inteligencia soviética conocía de antemano. Pero los valientes húngaros y Radio Europa Libre no podían saberlo.

---

[64] Judt, T. Postguerra, pp. 402.

Cuando Kruschev criticó los crímenes de Stalin lo hizo para que los simpatizantes progresistas del mundo, y los miembros del PCUS, pudieran seguir aferrándose a una ilusión que volvió a caerse ante la imagen de los tanques soviéticos entrando en Hungría. Es más, los miembros de los Partidos Comunistas de Francia, Gran Bretaña e Italia los abandonaron en masa y los intelectuales y demás compañeros de viaje comenzaron a replantearse sus posiciones como dijo, en París, el joven comunista Jorge Semprún: "<<el discurso secreto nos liberó; nos permitió al menos la posibilidad de despertar... del sueño de la razón>>. Tras la invasión de Hungría, ese momento de esperanza ya había pasado"[65]. En noviembre de 1956 la izquierda de Occidente, intelectuales, pacifistas, feministas, y estudiantes, ya no pudo escudarse en que la violencia bolchevique era el precio que exigía la Revolución y la Fe en la marcha de la historia. Y para millones de personas que vivían tras el Telón de acero la utopía progresista del comunismo ya no sería más que un sistema político impuesto que debían soportar sin la ayuda de Occidente.

A la par, en las sociedades libres comenzaba la era de la opulencia. El 20 de julio de 1957 el Primer Ministro británico Harold Macmillan afirmó aquello de <<Seamos francos: la mayoría de nuestro pueblo jamás ha vivido tan bien>>. El Estado de Bienestar en Europa Occidental hizo descender la mortalidad infantil gracias a las mejoras en la atención médica, la nutrición y las viviendas. En la década de los cincuenta comenzó tanto las migraciones del campo a las grandes ciudades como el millón de andaluces que fueron a Cataluña; la del Alentejo a Lisboa; los nueve millones de personas que se trasladaron de región en Italia; y los millones de germanos orientales que escaparon a la Alemania Occidental; como el flujo de emigrantes italianos, griegos, españoles, turcos, marroquíes, portugueses, tunecinos o yugoslavos que, gracias a los acuerdos gubernamentales, eran <<invitados>> a aceptar un empleo en una Alemania que comenzaba a desarrollar su milagro económico. En la misma época el Gobierno británico optó por fomentar las migraciones del Caribe, Barbados, India y Pakistán dentro de la Commonwealth.

"Como Maurice Duverger informaba a los lectores del semanal francés L´Express en marzo de 1964, el comunismo ya no constituía una amenaza: <<Sólo existe un peligro inminente para Europa, y es la civilización americana>> - <<una civilización de bañeras y frigoríficos>>, como el poeta Louis Aragon la había descrito despectivamente treinta años antes. Pero a pesar del altivo desdén de los intelectuales parisinos, una

[65] Judt, T. O.c. pp. 471

civilización de bañeras y frigoríficos- y fontanería interior, calefacción central, coches y televisiones – era lo que la mayoría de los europeos deseaba en aquel momento… Por primera vez en la historia, el desahogo y la comodidad estaban al alcance de la mayoría de los europeos”[66].

Ya en 1958 podía observarse que mientras la economía de la Alemania Federal desarrollaba su milagro la británica pasaba a ser la enferma de Europa. La razón del milagro alemán se cimentaba, aunque no sea políticamente correcto, en el desarrollo económico que generó Hitler, en la década de los años treinta, cuando ordenó que las inversiones para el desarrollo de las comunicaciones, la fabricación de vehículos, la química, el armamento, la óptica, los metales no ferrosos o la ingeniería ligera se desarrollasen con vistas a una economía para la guerra que bajo la tutela de Albert Speer desarrolló un cuadro de planificadores y directivos, generalmente jóvenes, que se mantuvieron en sus cargos tras la contienda junto a los mismos organismos que había levantado el III Reich. De este modo en 1950 Alemania Occidental crecía al 9% anual mientras que Gran Bretaña lo hacía al 2,6 %. También es cierto que el Gobierno de Bonn tampoco tocó el sistema hitleriano de bancos, aseguradoras, distribuidoras o a los campeones nacionales como Mercedes, BMW, o Volkswagen.

En este periodo, comenzaba el momento de la socialdemocracia. Desde el inicio de la postguerra se buscó que el Estado estuviera al servicio de sus ciudadanos frente a la ineficiencia económica y la represión política del Bloque del este. Por ende los Estados occidentales aprovechando el rápido crecimiento de su producto interior bruto, entre 1950 y 1973, invirtieron en vivienda, salud, educación, pensiones y seguros que a la par fortalecieron al sector público del nuevo capitalismo europeo. En Italia la Democracia Cristiana desarrolló una burocracia en un gran abanico de servicios públicos y subvenciones; en Bélgica se controlaron las empresas públicas para frenar los problemas regionalistas; en Francia se crearon una serie de redes sectoriales con las nacionalizaciones llevadas a cabo por sus Gobiernos. Así los Estados europeos introdujeron a millones de personas en sus servicios públicos que terminaron germinando en un mercado único de bienes y servicios que se asentó en toda la Europa Occidental. Como indicó el profesor Judt “la fe en el estado- como planificador, coordinador, promotor, árbitro, proveedor, celador y guardián- se extendió a través de prácticamente todas las demarcaciones políticas. El Estado del Bienestar era declaradamente social, pero quedaba lejos de ser socialista. En este sentido, el capitalismo del bienestar, tal y como se desarrolló en Europa Occidental, era verdaderamente postideológico”[67].

---

[66] Judt, T. O.c. pp. 518
[67] Judt, T. O.c. pp. 530

Los países nórdicos históricamente fueron sociedades humildes que durante el crack de 1929 se sumieron en una honda depresión de la cual Suecia consiguió salir, y alumbrar el camino a Dinamarca y Noruega, por la visión política de su socialdemocracia que tras la Gran Guerra abandonó el ideario de la Segunda Internacional y crearon el entendimiento entre la mano de obra y el capital. Es decir, el compromiso histórico, que desarrollado también bajo el fascismo, se implantaría tras la II Guerra Mundial en Alemania y Austria. El Partido Socialista Alemán (SPD), en 1959, desarrolló un nuevo programa que partiendo de las raíces de la filosofía clásica, la ética cristiana y el humanismo que forman Europa pedía avanzar hacia el socialismo democrático siguiendo la línea que el año anterior había expuesto su homólogo austriaco cuando declararon que el socialismo democrático debe ocupar una posición intermedia entre la dictadura y el capitalismo. Desgraciadamente el poder de los sindicatos británicos provocó, que el Partido Laborista no mostrase demasiado interés para conformar su Estado de Bienestar en la línea escandinava o alemana, quedando durante muchos años fuera de los logros sociales y económicos que empezaron a extenderse por la Europa continental occidental. Este fue el contexto donde en el transcurso de una reunión del Congreso por la Libertad Cultural, en marzo de 1955 en Milán, donde Raymond Aron propuso su polémico <<El fin de la era ideológica>>. Con el tiempo se terminaron implantando los avances del Estado del Bienestar.

Pero el espectro de la Revolución, volvió a recorrer Europa, con el redescubrimiento del joven Marx por parte de la Nueva Izquierda. Un hecho poco reconocido fue, que las protestas estudiantiles francesas llevaron a finales de mayo a que el General De Gaulle adelantase las elecciones, advirtiendo a los franceses que la elección era entre un Gobierno legítimo y la anarquía revolucionaria; y Raymond Aron por su parte dijo aquello de <<expulsar a un presidente elegido por sufragio universal no es lo mismo que expulsar a un rey>>. Llegados a este punto y ante el miedo de un Golpe de estado comunista la derecha francesa montó una contramanifestación mucho más multitudinaria que las protagonizadas por los estudiantes que sembraron la aplastante victoria electoral de los partidos gaullistas que aumentaron su mayoría en más de una quinta parte de la Asamblea Nacional. "El 24 de abril de 1969 se colocaron sendas bombas en la Feria de Comercio de Milán y en la estación central de ferrocarril. Ocho meses más tarde, después de que los conflictos de Pirelli se hubieran resuelto y el movimiento huelguista hubiese finalizado, una bomba hizo volar el Banco Agrícola de la Piazza Fontana en pedazos. La

<<estrategia de tensión>> subyacente en los años de plomo de la década de 1970 había comenzado"[68].

De las obras de Marcuse, Fromm y Wilhelm Reich la izquierda radical de Alemania Occidental y Austria se quedaron con el amor libre, el desnudo y el deseo de una educación antiautoritaria que en 1967 tras la muerte del estudiante Benno Ohnesorg en una manifestación, contra el Sha de Irán en Berlín, se lanzaron a la calle, por lo que Rudi Dutschke calificó de <<asesinato político>>. A este respecto Jürgen Habermas le respondió advirtiéndole que <<el fascismo de izquierdas>> es tan letal como el de la derecha. Desgraciadamente las palabras de Habermas se tornaron en premonitorias cuando el 11 de abril de 1968 en Berlín un neonazi le pegó un tiro a Dutschke.

Como es lógico, la Alemania Oriental y Moscú que llevaban tiempo financiando a los sectores estudiantiles más extremistas echaron el anzuelo para ampliar sus contactos y relaciones con gran parte de la izquierda de la Alemania Occidental y con sus radicales. Por otro lado, la Nueva Izquierda que aunque distante del comunismo, pero con algunas relaciones con la Alemania comunista, sí enarbolaban las banderas contra la OTAN y sobre todo con el estallido de la Guerra de Vietnam mientras obviaba lo que ocurría en lugares tan cercanos como Varsovia o Praga en esos mismos años. En este contexto se entiende el lamentable espectáculo que ocurrió "cuando Rudi Dutschke realizó una visita fraternal a Praga, en pleno auge del movimiento reformista checo en la primavera de 1968, los estudiantes locales se quedaron sorprendidos ante la insistencia en que la democracia pluralista era el verdadero enemigo. Para ellos era la meta"[69].

Por esa meta tan deseada tras el Telón de Acero seguían luchando contra la concepción soviética de que cada partido comunista es libre de aplicar los principios del marxismo-leninismo y del socialismo en su propio país, pero no es libre de desviarse de dichos principios si quiere seguir siendo un Partido Comunista. Sólo después de la Primavera de Praga de 1968 empezó a verse quién era quién. Como dijo Zdenek Mlynár.

Tras la desestalinización posterior a 1965 comenzaron algunos cambios dirigidos, que tras la revuelta húngara dejaron claro que sólo se podrían encauzar bajo la mano de hierro del Partido. Así las mejoras que Kruschev intentó no produjeron los excedentes prometidos para intentar desarrollar el Estado del Bienestar soviético, al menos, embrionario que él deseaba. Por el contrario la combinación de la corrupción de las

[68] Judt, T. O.c. pp. 696
[69] Judt, T. O.c. pp. 613

instituciones locales y la planificación centralizada soviética dieron lugar a sucesos, dignos de una tragicomedia, como la compra de provisiones de las tiendas en Kirguizistán por los propios jefes comunistas para cumplir a rajatabla las cuotas mínimas que se les exigían. En este punto cuando, además, venía algún año que la cosecha era paupérrima como la de 1963 la Unión Soviética tenía que comprar el grano a Occidente.

Otro ejemplo de la imposibilidad soviética ya se había dado en plena época de crisis tras el Telón de Acero: Polonia en junio de 1956, fue acallada en unos días; poco después fue Hungría quien saltó y el 4 de noviembre el Ejército Rojo entró en el país provocando la detención de 22.000 personas y la evasión hacia Occidente de otras 200.000 personas; con ello el Partido Comunista italiano perdió cerca de la décima parte de sus afiliados; el abandono del Partido Comunista francés del intelectual europeo más representativo, Sartre; Kruschev, en 1959, ordenó la creación de un comité para acelerar el tránsito al comunismo que Marx había evocado para 1980, lógicamente el Partido eliminó dicho comité, pero Kruschev con su deseo de sobrepasar a los Estados Unidos quiso comparar la situación del ciudadano medio ruso con el americano, cosa que jamás permitió Stalin, y lógicamente la fe del ciudadano soviético se tambaleó aún más cuando se produjo el conocido como <<debate de la cocina>> entre Nixon y Kruschev en la exhibición que los americanos montaron en el parque Sokolniki de Moscú en 1959 donde ante una casa con seis habitaciones y cocina con electrodomésticos de última generación; el Presidente soviético cuando escuchó que un obrero metalúrgico americano podía comprar una casa como esa por 14.000 dólares estalló públicamente diciéndole a Nixon: "Usted piensa que los rusos se quedarán estupefactos ante esta exhibición; pero el hecho es que casi todas las casas rusas recién construidas cuentan con este equipo. En Estados Unidos se necesitan dólares para comprar esta casa, pero aquí lo único necesario es haber nacido como ciudadano". [70] Como es sabido esto no era cierto pero sí lo fue que a raíz de ello Kruschev, también escrito Jruschov, mandó construir miles de nuevos edificios con pequeños y baratos apartamentos que el agradecido pueblo soviético bautizó como Jrushchoby; partiendo del hecho que la palabra Trushchoby significa chabola imagínese usted mismo que significa el adjetivo jrushchoby. Y eso que eran mucho mejores que las de Stalin.

En honor a la verdad, hay que indicar que hubo una medida acertada, con la que Kruschov obtuvo unos éxitos espectaculares, la microagricultura privada, que propició que a principios de los años sesenta el 3% de la tierra

[70] Priestland, D. Bandera Roja, pp. 338

que dejó en manos privadas para su cultivo llegara a producir más de un tercio de toda la producción de la URSS. Como usted comprenderá tampoco se molestaron en darle publicidad. Y mucho menos cuando en 1965 se constató que las granjas privadas de la Unión Soviética producían las tres cuartas partes de los huevos y los dos tercios de las patatas que se consumían en todo el universo soviético, gracias precisamente, a unas granjas capitalistas. En esta época el Régimen soviético era un fracaso económico y moral que mantenía al pueblo y a los Estados satélites bajo una burbuja de represión que sólo era admirada y jaleada por la intelectualidad europea encabezada por Sartre que, en 1956, criticó la Revolución húngara porque era un movimiento de derechas. Quedaba bien claro que las teorías marxistas ya no podían desempeñar ningún papel en las sociedades occidentales.[71]

[71] Cf. Ruiz, F. J. Orígenes, desarrollo y consecuencias de la guerra fría secreta, pp. 132 y ss

Bibliografía.

Aron, R. El mundo libre en la guerra fría. Fomento de Cultura, Valencia, 1959.

Esparza, J. J. El libro negro de la izquierda española. CHRONICA, Barcelona, 2011.

Gross, B. Willi Münzenberg. Una biografía política. IKUSAGER, Vitoria-Gasteiz, 2007.

Judt, T. Pasado Imperfecto. Los intelectuales franceses 1944-1956. Taurus, Madrid, 2007.

Judt, T. Postguerra. Una historia de Europa desde 1945. Taurus, Madrid, 2010.

Judt, T. Sobre el olvidado SIGLO XX. Taurus, Madrid, 2008.

Karl, M. Técnica del Komintern en España. Gráfica Corporativa, Badajoz, 1937.

Knoblaugh, E. ¡Última hora: guerra en España! Aventuras de un corresponsal americano entre los dos bandos. Áltera, Barcelona, 2003.

Koch, S. El fin de la inocencia. Willi Münzenberg y la seducción de los intelectuales. Tusquets, Barcelona, 1997.

Koestler, A. El fracaso de un ídolo. Unión de editores latinos, Buenos Aires, 1951.

Miller, T., y Yúdice, G. Política Cultural. Gedisa, Barcelona, 2004.

Orwell, G. Homenaje a Cataluña. El País, Madrid, 2003.

Pilo, F., Domínguez, M., y de la Iglesia, F. La matanza de Badajoz ante los muros de la propaganda. Libroslibres, España, 2010.

Priestland, D. Bandera Roja. Crítica, Barcelona, 2010.

Ruiz, F. J. El papel de los intelectuales en la guerra fría cultural. Eae, Alemania, 2001.

Ruiz, F. J. Orígenes, desarrollo y consecuencias de la guerra fría secreta. Eae, Alemania, 2012.

Schlesinger, A. M. La política de la libertad. El centro vital. Dopesa, Barcelona, 1972.

Stonor Saunders, F. La CIA y la guerra fría cultural. Debate, Madrid, 2001.

Winock, M. El siglo de los intelectuales. Edhasa, Barcelona, 2010.

Índice.

Printed by Books on Demand GmbH, Norderstedt / Germany